アラン・コルバン
小倉孝誠・綾部麻美 訳

草のみずみずしさ

感情と自然の文化史

藤原書店

Alain CORBIN
LA FRAÎCHEUR DE L'HERBE

This book is published in Japan by arrangement
with LIBRAIRIE ARTHÈME FAYARD,
through le Bureau des Copyrights Français, Tokyo.

1　アルブレヒト・デューラー《大きな草むら》（1503　ウィーン、アルベルティーナ美術館）
きわめて写実的に描かれているので、草の名前を特定できるほどである。同時に、自然の聖性をも暗示する。

2　カスパー・ダーヴィト・フリードリヒ《グライフスヴァルト近くの草原》
（1820–22　ハンブルク美術館）

わたしたちの眼下に広がるのはとてつもなく大きい草原である。この作品によって、何をもって草原が狭隘な牧場から区別されるかがよく分かる。

3　ジョルジョーネ《田園の奏楽》（1510－11　ルーブル美術館）

ジョルジョーネの非常に有名なこの絵は、注目点のひとつとして、ルネサンス期における田園詩への回帰をよく示す。ここで草の存在は再び裸婦と結びつけられた。

4　ギュスターヴ・クールベ《家畜と干し草車のある草地での午睡》
（1867－69　プチ・パレ美術館）

この草は巨大な敷物である。草を食む牛の大きさと強い存在感は、草に沈みこんだ牛飼いの眠りの深さとあいまって、ピクチャレスクなものを遠ざける。

5　ジュール・バスチアン゠ルパージュ《干し草》（1877　オルセー美術館）
草の存在が強く感じられる。草は眠っている労働者の寝床であり、隣の疲労した女性が夢想を広げられる場である。19 世紀末のこの時代、最盛期を迎えた農業の世界においてこのような情景はありふれたものだった。

6　ジョルジュ・スーラ《グランド・ジャット島の日曜日の午後》
（1891　シカゴ・アート・インスティテュート）
パリ郊外、セーヌ川に浮かぶ島で休日を過ごすブルジョワたち。手入れの行き届いた美しい芝生が、草地と余暇の結びつきを示す。

7　アンドレア・マンテーニャ《パルナッソス》（1497　ルーブル美術館）
パルナッソス山の草地で詩神が踊るこの絵では、女性の素足が魅惑的である。たしかに、マンテーニャはペトラルカとほぼ同じ時代に生きていた。

8　ジョン・コンスタブル《野原から見たソールズベリ大聖堂》
（1831　ロンドン、ナショナル・ギャラリー）
イギリス風景画を代表するコンスタブルの作品は、草と草原がおだやかな田園風景にとって不可欠な要素であることをよく示している。

本書を読むにあたって

小倉孝誠

本書は、古代から現代に至るまでの西洋人、とりわけフランス人が草 herbe とそれが生えている場所にたいしてどのような感情を抱き、それが人々の記憶と感性をどのように培ってきたかを論じた文化史である。草や草原は、それ自体としてはわれわれ日本人にも馴染みが深いから、奇異な対象ではない。ただし、草や草原にたいする基本的な感覚と認識は、少なくともフランス人と日本人ではかなり異なるので、本書の理解を円滑にするためその点を手短に解説しておきたい。

まずフランスの地理と気候の話から始めよう。フランス本土の面積は約五十五万平方キロメートルで日本の一・五倍。平野と平原、そしてなだらかな丘陵地帯が広がり、そこで麦や野菜が栽培され、牧草地が目路はるかに延び、ブドウの木が植えられているというのがフランスの典型的な田園風景である。山岳地帯と言えば、スイス、イタリアと国境を接するアルプス山脈、スペインとの国境をなすピレネー山脈、そして中部に広がる中央山塊ぐらいである。国中に山脈が連なり、広い平野が限定的に点在するだけの日本とは地理的風景が大きく違う。緑豊かで、肥沃で、穏やかな平野が延々と続く、というのが日本人から見てのフランスの国土の印象である。

緯度も重要な指標になる。フランスの首都パリはサハリン中部とほぼ同緯度、フランス南部でも北海道北部と同じくらいの緯度である。それが何を意味するかというと、日本と比べて夏は夜明けが早く、日没が遅いし（フランスでは「夏時間」を採用することもあり、パリでは夏至の頃は夜九時でも外はまだかなり明るい）、冬は夜明けが遅く、日没が早い（午後四時になるともう暗い）。加えて降水量はわが国に比べてはるかに少ない。たとえば、パリの年間降水量は東京の三分の一にすぎない。梅雨や、台風の大雨などもないから、空気が乾燥している。真夏でも、日本のような耐え難い蒸し暑さというのは、例外的な年を除いてまずない。

したがって植生もかなり異なる。本書の主題は草で、野原の雑草、草原に生える野生の草、牧草地や放牧地の草、刈り取られる干し草など、草のさまざまな形態が問題になる。森や林との結びつきもあるが、フランスは降水量が少なく乾燥しているので、日本の森林に比べて下草がきわめて少ないという特徴がある。野原や芝生のうえで遊んだ子ども時代の記憶、緑の空間と楽園のイメージとの同化、草原におけるさまざまな感覚と欲望の目覚め、などが本書の重要なテーマになっている背景には、こうした風土と気候条件がある。フランス人にとって、草や草地は郷愁をそそり、官能のときめきを感じ、評価できる対象なのだ。

他方、大多数の日本人にとって草や草地がそのような感覚や評価と結びつくことはない。庭や田畑に生える草は「雑草」として駆除されなければならないし、芝生を除くと、寝転んで何の不安もなく楽しめるような草原は少ないだろう。フランス人は暖かい時期、自宅や別荘の庭にテーブルと椅子を出し、そこで飲食するのが好きだし、羽虫が多少飛んできても頓着しない。他方われわれ日本人からすれば、夏だと蚊や虻が飛んでくるからというので、庭にテーブルを出すどころか、家の中に避難するというのが一般的な反応だろう。読者には、以上のような日仏の風土と自然観の違いを念頭において本書を読んでいただければ幸いである。

最後に、草にまつわる用語について簡単に説明しておきたい。本書で頻出する語にはおよそ次のような訳語を当てている。第1章でしばしば出てくる「むら草 herbes folles」は伸びほうだいになっている草、「草むら touffe d'herbes」は草の密集を指す。それ以外のおもな使い分けとしては、prairie は「牧草地」「草原」、pré は「牧場」、pâturage は「放牧地」、plaine は「平原」とするのを原則とした。フランス語辞典の定義によれば、prairie はおもに牧草を刈りとるか放牧する平原、pré はそれより小さな、時にはあまり人手の加わらない草原や野原、pâturage は家畜がその場で草を食む放牧用の土地を指す。

とはいえ、本書は牧畜や地理の専門書ではなく、草とその空間をめぐる感性と文化を跡づけることを目的にしている。コルバン自身、厳密に使い分けていないと思われる箇所も散見される。上記はあくまで基本原則で、文脈によって適宜別の語を当てていることをご了解いただきたい。

それでは、草をめぐる歴史の世界をどうぞお楽しみください！

草のみずみずしさ

目次

凡例

一　訳注は〔　〕で本文中に記した。

一　コルバン自身による引用文の中略は［…］で示した。

一　引用箇所の翻訳について、既訳のある文献に関しては適宜既訳を参照しつつ、独自に訳出した。いちいちお名前は記さないが、訳者にはこの場を借りてお礼申し上げる。

一　コルバンによる文学作品からの引用文には正確さを欠く箇所がある。原典と照合したうえで、訳者の判断で訂正しておいた。その点は本文中でそのつど明記はしていない。

一　著者コルバンに確認したうえで、原書の誤植部分は修正したうえで訳出した。

一　読みやすさを考慮して、訳者の判断で原著にはない小見出しを付した。巻末の「人名索引」についても同様である。

草のみずみずしさ

感情と自然の文化史

「草はわたしたちに似ている。どこにでも生えるのだ。土手沿いにも都市の敷石のあいだにも。わたしたちの記憶もまた広い草原のようであり、その小道には草が立ち上がる。草は、常に変わらぬ草でありながら新しくなる点で、やはりわたしたちに似ている。草には希望の頑固さと忘却の深さがある。風は草を愛し、草を走らせる。日々変化する風のそよぎに運ばれるうち、言葉が頭のなかで、そしてページの上で駆けめぐるように」。

ジャック・レダ『土手の草』「内容紹介」一九八四年。

「一本の草の物語に壮大な愛を込めることができる」。

ギュスターヴ・フロベール、ルイーズ・コレ宛一八五四年四月二十二日付、『書簡集』、ガリマール、プレイヤード叢書第二巻、一九八〇年、五五七頁。

序章

草の歴史なるものがたしかにある。ランボーにおいては「牧場《まきば》のチェンバロ」と形容されたこの「雲の緑の妹」(1)の歴史である。草は、西洋では古代から、畑仕事に関する作品において賛美され、それから牧歌や田園詩において称賛された。以来、草が呼び起こした情動は絶えずつまびらかにされてきた。草の欲求、草地を歩きまわり、伸びた草に迷いこみ、牧場で休み、夢見る歓びはきめ細かく階調づけられた。プリニウス、プルタルコス、ロンサール、とくにロマン主義の作家、さらに現代の最高の詩人たちが「草の場」に愛着を抱き、草原に自らを重ね、そのうちの幾人かを草の楽しみにふけらせた高揚はさておくにしても、草へのただ一瞥によって生じた忘れ難い衝撃を、興奮をもって語ってきた。

ところで、特に優遇された草の土地がある。そのひとつは、幸いにもわたしが育ったコタンタンの牧草地である。そこでは家を出ればたちまち草が大事な相棒であった。シャルル・ドルレアン（フランスの王族、詩人、一三九四―一四六五〕の時代のように色とりどりの花が咲く牧場の草。そこにはヒナギク、ヒヤシンス、サクラソウが咲いている。草は、風景を彩るノルマンディー地方の牛と輓《ばん》馬《ば》の飼育者が細心の注意を払う対象である。草のなかを転がり、裸足で歩きまわる歓びと幼年時代が一度過ぎてしまうと、草は好意に満ちた官能的な学習、すなわち四つ葉のクローバー探し、恋愛遊びの楽しさ、愛の戯れの激しさに結びつけられた。そのとき草は、干し草とその匂い、そのざわめきと不可分であった。

草の歴史をたどることは、草がわたしたちの文化で変化し、もはやありきたりの緑の風景でしかなくなりつつあるために、今日いっそうの重要性をもつ。草刈りの仕草、干し草の山を作る技術、現在では使われなくなった古い機械の操縦法、畑のどこにでもある花々、干し草刈りにまつわる社交性と祭事、これらすべてが消えた。干し草を運ぶ伝統的な方法とともに。そうして、牧場への愛によって呼びおこされた、しばしば激しい、さまざまな情動が薄らいだ。草とその楽しみに親しむ子どもの数は年々減少している。

草の歴史の一ページがめくられた。とはいえ、今日多くの都市住人にとりつき、専門家が満足させようと努めている草への欲求が廃れることはなかった。かれらにとってなすべきは、草を新たなかたちで賛美すること、つまり、草が何世紀ものあいだに呼びおこした情動の歴史に一章を加えることである。

ジルベール・バザール〔フランスの版画家、1936–〕は毎年、居住地コタンタン〔フランス北西部〕の植物、とくに草のあらゆる姿を捉える。ここに描き出されたセリは丈の高い草の魅力をあますところなく示している。

Gilbert Bazard, *Ombellifères*, gravure – 2002.

第1章

草と始原の風景

アンドレア・マンテーニャ《パルナッソス》(1497　ルーブル美術館)

草に見いだされる力

草には始原性がある。世界が始まった時代の香りを保っているようだ。いかなる方法であれ、子ども時代に草と接したことのあるすべての人にとって、草は始原の風景を構成する。イヴ・ボヌフォワ〔フランスの詩人、一九二三―二〇一六〕は草を再発見したときにそれを感じとり、「それはわたしのここだ、いささかもよそを含まないここである」[(1)]と高らかに言う。草は人間によって望まれ、人間の記憶に組み込まれている。

草は自然のただなかで、もっとも早い時期からの、もっとも長続きする人間の相棒を体現する。それゆえに、草は人間を事物のなかにおく。人間と一本の草のあいだの類比はしばしば強調されてきた。それゆえに、ラルフ・エマーソン〔アメリカの詩人、思想家、一八〇三―八二〕の表現を借りれば、草と人間の神秘の関係が存在する。[(2)]イヴ・ボヌフォワがなお指摘するように、人間は草に向かい合うとき、「わたしのものである土地にいる」[(3)]と考えるようになる。

草は人間を見る。[(4)]人間に話しかける。草の言葉は自然の言葉なのだ。[(5)]草、すなわち「不定形の象形文字」[(6)]を前にして書く者は、草のように簡潔な言葉を見つけるようになる。草は詩の源である。なぜなら、後述するように、草の存在は非概念的な言語に結びついているからだ。草はまず、大地の秘密を抱えた、地面にじかに書かれた書物である。[(7)]草は内側と外側のあいだの連続性という幻想をもたらす。ウォルト・ホイットマン〔アメリカの詩人、一八一九―九二〕によれば、それゆえに草は芸術の最高傑作である。[8]

ミシェル・コロ〔フランスの文学者〕の概念を借りれば「物質‐感情」であるこの草について書いた作家たちは、その数えきれない特徴を称えてやまなかった。草は、平穏、明瞭、清廉、純粋のすべてを喚起する。[9]ヴィクトル・ユゴーは『内なる声』で、踏みしだかれていない草を夢見る。[10]ヘルダーリンによれば、「すべて純粋に生じるもの」同様、草は謎である。[11]

草には他にも多くの特徴、とくに奇妙な単純さが認められている。草は世界と思考を単純化する。草は単純であると同時に明白な力、すなわち「明白さの光明」である。草は、その柔軟性にもかかわらず、土台や根を象徴する。だがさらに際立つのは、生来のみずみずしさである。「雲の緑の妹」である草は、人間に「彼女の素晴らしい腕」のなかへ身を寄せるよう促す。また、フィリップ・ジャコテ〔フランス語系スイスの詩人、一九二五―二〇二一〕のように、草を「深刻であり愉快でもある、笑い上戸であり寡黙な、柔らかくも堅くもある」[12]ものと感じることがある。

時代の流れにつれて、作家はたえず草に多くの道徳的特徴を認めてきた。まずもってその粘り強さ、エネルギー、湧出力である。ジャン＝ピエール・リシャール〔フランスの文学者、一九二二―二〇一九〕は、草は生命力をもつが時間がかかる、と書く。[13]「草は諦めない」。「草は自らの存在に固執し粘り強く耐える」。[14]よって草には模範的性格が認められる。草の単純で明白な力は、トマス・ハーディ〔イギリスの作家、詩人、一八四〇―一九二八〕によって「抗いがたい発揚」[15]と形容され、ポール・

ガデンヌ〔フランスの作家、一九〇七―五六〕によって「萌芽と精気の性急さ」、「新しい茎の大胆さ」、「素晴らしい欲動」[16]と形容される。「草は、意識的に除かれなかったところどこにでも広がる」と指摘するのはローベルト・ムージルの『特性のない男』に登場するリンドナー教授である。[17]先んじてゲーテは、植物の「眠れる力」を称えていた。ゲーテはそれを自然によって要求された発揚の結果、あるいはシェリングとハイデガーの用語では「世界霊」[18]と呼ばれるものとみなしていた。

ジャン・ジオノ〔フランスの作家、一八九五―一九七〇〕はまた、生命の永劫回帰の輪舞、死と再生の輪舞を称える。というのも草はたえまない蘇生を表しているからだ。それゆえ草は、永続する若さ、すなわち泉のような、永遠の墓であり生者である。草は生命の息吹を感じさせる。[19]要するに、フランシス・ポンジュ〔フランスの詩人、一八九九―一九八八〕が書くように、「草はもっとも基本的なかたちで世界の蘇生を表すのだ[20]」。

草はその明白さ、沈黙、うねりによって夢想、半睡状態、魂の平穏へ導く。[21]この点については後述する。

草はたいていの場合、緑色である。この色の重要性、すなわち情動を呼びさますという点に注意を向けるべきである。これについてフランシス・ポンジュ[22]とフィリップ・ジャコテ[23]は意見を共にする。前者は「わたしたちの自然は今日、真実が緑であるよう望んでいる」と書き、後者は、人間は緑の真実を探し求める、と請けあう。ジャコテに耳を傾けよう。「あらゆる色のなかで緑はもっとも神秘的で、同時にもっとも穏やかな色かもしれない。緑はその深みのうちに昼と夜を調和させるのだろうか。緑地の名の下に、緑は植物を意味する」。

中世以来、草の覆いは緑のビロードとみなされてきた。緑色の階調は無限であり、ほとんどは心地よい色である。綿密な情動の分析家であるキース・トマス〔イギリスの歴史家〕が強調するように、人間は本来緑の草を好むからである。濃い緑であれ、芝生の緑のように不変の緑であれ、あるいはまた楽園の緑であろうと。この鮮やかな色は惜しまれることも多い。踏みつけられた草の苦々しい緑が示すように。(24)

ロンサールによれば、(25)春は「緑の季節」である。この季節は魅了し、とくに草の緑の出現に結びついた強い情動を呼びおこした。この春への注目はウェルギリウスの『農耕詩』にもみられる。家畜を放牧に連れて行かねばならない季節である。

曙の光が地平を赤く染めたらすぐに出よ
まだ氷霧が芝を白くしているころ
柔らかな緑の下でさらに輝く
新鮮な朝露が牧場へと誘うとき〔…〕(26)。

中世文学もまた春を称える。十四世紀、ギヨーム・ド・ロリスが『薔薇物語』で春を褒めあげる。この季節、自然は緑の衣を身につけ、それによって生じる歓びは「よみがえった〔再び緑になった〕(27)」

と形容される、と書く。一四三七年、「シチリアの伝令官」の異名をもつジャン・クルトワは、五月と六月は「一年でもっとも輝かしい月」である、と請けあう。クルトワによれば「花が咲き乱れる草原の見事な緑以上に心地よいものは世界にない」。そしてすべてのフランス人が小学校で、レースを身にまとった大地を表すシャルル・ドルレアンの詩を習った。

一連の大作家が、時代の流れに沿って、とくに十九世紀以降、つまりロマン主義の感性が普及して以降、この季節を描き出した。ゲーテによれば、春には

若い緑が
湧き出るなかで
穏やかなざわめきが
大気に広がる
あなたを活気づける震え
あなたを眠らせる香り。

また別の箇所では、

大気は平穏であり、微風を鎮める

若い緑は豊穣な河岸に自らの姿を映す
春は活動し、生きている。(28)

ライナー・マリア・リルケは春が牧場にとどまらぬよう要求する。「春は人間の心に、ある意味で強い力を及ぼすものにならなければならない。そうなれば春は時間においてではなく、永遠において、つまり神の前に繰り広げられるからだ(29)」。

若きマラルメ〔フランスの詩人、一八四二―一九八〕は「金の光輪を戴く詩人」である春を長々と褒めたたえる。「おまえはわたしの心に羽を与える。／愛に満ち、心は飛躍する。〔…〕半月鎌を忘れ、／草は牧場でそよぐ(30)」。コレット〔フランスの作家、一八七三―一九五四〕は、「すべては神々しいほど性急に生長する。ほんの小さな植物も垂直方向に最大限の努力を放つ」と書く(31)。

ジャン・ジオノは数十年後、春が大地から出づる際の「春の大混乱」を詳細に分析する。「放牧地は新しい水源によって鋤で起こされ、ビロードの静かな歌を歌っていた」。「動かない大気のなかで一時、〔…〕樹液の濃い香りが立ち上っていた」。「水の流れが踊り、草の下すべてを巡っていた(32)」。

ヘルマン・ヘッセによれば、「事物すべてが（そのとき）待機し準備を整えており、夢すべてが存在の優しく激しい熱のうちに芽を出す。――萌芽が太陽の方を向き、野原は雲と出会い、新しい草は春の息吹に身を震わせる。この季節、年ごとにそうなのだが、わたしは春の奇跡が来るのをいまかいまかと待ち構えはじめる。あたかもそれが正確なある時刻にわたしの前に明らかになっていなければならず、わたしが一度、一時間、力と美の湧出全体を、つまり大地が新しい目を光に大きく開くとき、その外へ生命が嬉々として出現するさまを、見つめ、理解し、生きることができるかのように」。ヘルマン・ヘッセは毎年目の前で奇跡が繰り広げられるのを感じる。しかし、彼がとりわけ好むこの奇跡は不可解なままである。「それは突如としてあり、わたしはその到来を見なかった」とヘッセは書く(33)。

フィリップ・ジャコテは、春の不意の訪れを告げる花としてスミレを見つける大きな歓びを高らかに述べる。この短い引用群を、たえず春の歓喜に立ち戻ったこの詩人で終えよう。ジャコテが想起する五月は彼にとって、草の祝祭、つまり牧場の祝祭に一致する。「それはこれらの変化に富んだ、だが静かな、広い牧場である。その、無名の花が住みついた震える広がり。細く、まっすぐな、種子をもち、黒い深みに結びついているが大地にかろうじて留められている茎の震えである。まるで大地が澄んだ空に向かって昇りながら細くなり、茎の妹である雨と出会い、これら重さのない献げ物を空へ差し出すかのようだ(34)」。

さまざまな形態

これまで、わたしは形態の多様性には注意を払ってこなかった。もっとも簡潔なのはひと茎の草であり、ホイットマンはこれを「言い尽くしがたい完璧」の奇跡と形容している(35)。ひと茎の草は人間と同じように個性をもつ。ゲーテにおいてはたったひと茎の草の存在が感情を生みだす。詩人はこの感情をウェルテルに託している。「一本の草の物語に壮大な愛を込めることができる」とギュスターヴ・フロベール〔フランスの作家、一八二一—八〇〕は一八五四年四月二十二日付ルイーズ・コレ宛ての書簡で記す[36]。ヴィクトル・ユゴーはいくども草の茎に呼びかけ、それが敷石の隙間にさえもそよいでいると気づく。フランシス・ポンジュによれば、草の茎は「具現化された水の噴出」であり、先端にのせている朝露の滴はこの水の出現が戴く冠である[37]。その一世紀前にヘンリー・デイヴィッド・ソロー〔アメリカの作家、思想家、一八一七—六二〕が言うには、それは希望のしるしである。「緑の長いリボンが波打つように、［草の茎は、］小流が土地に染み入るのと同じくらい静かに生える。草の茎はほとんど小流に等しい。［…］小流が涸れたとき、草は導管になる。［…］このように、わたしたち人間の生命が絶えるのは根までにすぎず、なお緑の茎を永遠に伸ばすのである」[38]。より簡潔な視点からツェランは読者に告げる。「あなたは一本一本の草を必要としている」[39]。また、ジャン＝ピエール・リシャールは「何本かの草の周囲には、あらゆるものの充足の他は何も残らない」と言う[40]。

ジャン＝ピエール・リシャールが「特異性の茂み」、また「ささやかな個性で乱れた絨毯[41]」として定義した草むらは、ときに芝生にはめ込まれているが、たいていの場合小道の脇や土手沿い、空き地の中心に生じるような、あるまとまりを構成する。草むらはじつに個性をもっている。当然ながらこれに関しては、アルブレヒト・デューラーによって素描された草むらが思い当たる（口絵1

参照）。

ドゥニーズ・ル・ダンテック〔フランスの詩人、一九三九―〕はこの素描について適切な分析を行っている。このイネ科の植物が交差した草むらのなかに種類が見分けられ、それらは轍の草、水たまりの草、または小川沿いの草である。草は崩れた土くれの上に生えてそこにある。ル・ダンテックが主張することには、これらの地味な草に対して、デューラーは記念碑的な様相を与えている、なぜなら視点が地面の高さにあり、画面に地平線と支点がないからである。「浸水した粘土の端に群生するこれらの草の奇妙な過剰は、わたしたちを精神的高揚の前に立たせる」。画家自身の言葉によれば、それぞれの草は崇敬をもって描かれており、それらの内なる姿が描き出されている。(42)

ウルフ・ソレントは、ジョン・クーパー・ポウイス〔イギリスの作家、哲学者、一八七二―一九六三〕による同名の小説の主人公だが、散歩中野原で外套の上に座りこむ。「鮮やかな緑の草むらが、前にあるずれた煉瓦の隙間に生えていた。そして彼はこれらの力強く半透明の茎に注意を集中させていた」。草と粘土、と彼は考える。「粘土から草へ、草から粘土へ。そしてもう一度彼に、しばしば寒さと愛の興奮が同時に作用するときに生じる独特の震えが走った(43)」。デューラーの感情とクーパー・ポウイスが主人公に託した感情を、四世紀をまたいで結びつけるものがきっと理解されるにちがいない。

丈の高い草のなかを歩くことは特別な感覚をもたらす。その深さ、豊かさ、暗さによって草は野生化し、牧神のように胸の高さまで入り込みたい誘惑を呼びおこす。十九世紀半ば、ヘンリー・デイヴィッド・ソローは、耕作地の脇で、不毛な、放っておかれ、農家に見向きもされない地面に生える丈の高い草が彼に吹き込む親近感を語る。草は房状に、一ピエ〔長さの旧単位、約三二センチメートル〕の幅に二ピエの高さで生える。農家はこれらの野草をわざわざ刈りに来はしない。「だがわたしは、この同時代人たちの素朴さを認めることが嬉しく、草むらのあいだをのしのしと歩きまわるのだ［…］」とソローは書く。彼にとっては友人である。「わたしはただ丈の高い草としてそれを見ていた[44]」。

ユベール・ヴォワニエ〔フランスの作家、一九六四―〕は、沈潜と埋没へと誘う「混じり合った声のかたまり」、つねに波打つ表面、「生い茂った大国」、「緑の目覚ましい飛躍」がもたらす変調、さらには悪寒、「深さの酔い」を扱ったきわめて美しい本を書いた[45]。丈の高い草は「複雑なひとつのまとまり、すなわち見えるものとして解読すべき複雑な一体物を構成している」と記す。ヴォワニエがそこに入り込むとき、彼はこの「深く錯綜した広大さ」にとりついた極小の昆虫と同類になったように感じる[46]。

フィリップ・ドレルム〔フランスの作家、一九五〇―〕はこの点に関して特別な感情を詳しく語る。彼は丈の高い草と隣り合ったところに刈られた草を好むと言う。「そこにはまったきイギリス哲学がある。つまり自由と節度の融合だ［…］」。そのとき「人間と自然のあいだに」設けられた対比は、「もはや闘いではなく友情である[47]」。

むら草が浴している現在の流行以前、はるか昔からそれは関心を引き、同情を、ときに称賛を呼びおこした。イギリスでは十七世紀末にはすでに、薬用としての効能があるかないかにかかわらず、むら草への関心が起こっていた。歴代のジョージ王治世下、王に献げられた頌歌が読まれた。この新しい感性に呼応して、むら草と称されるものさえ美しかった。ジョン・クレア〔イギリスの詩人、一七九三—一八六四〕は多くの詩で農民に嫌われた植物を扱っている。(48) アルフレッド・テニソン〔イギリスの詩人、一八〇九—九二〕はそれを称える。「わたしには、山の上で花咲くただのむら草がより好ましい。種子となって故郷の泉の近くへ上ってゆくもっとも控えめな草が〔…〕」。ジェラルド・マンリ・ホプキンズ〔イギリスの詩人、一八四四—八九〕は「むら草万歳」と叫ぶ。あとで見るように、これらの詩人にとっては、緑のものすべてに神が宿っているのだ。

しばらくののち、マルセル・プルーストはジャン・サントゥイユ〔同名の小説の主人公〕に、壁の上で「風を相手に無邪気に打ち明け話をする」むら草への同情の念を託している。サントゥイユは孤立した、静かな紫色のジギタリスに見とれるが、ジギタリスは〔他の〕世界を何も見たことがなく、大地の他の部分とは離れて生きており、ごく近くにある三つのキンギョソウのことを知ることは決してないと気づく。ジャンはこの植物を「完全なる永遠の孤立状態」から連れ出したかった。この植物は彼に「他の何ものでもないもの、他のあらゆるものの外にあり〔…〕、沈黙のみがそれと孤独を分かち合うもの」の感覚を与えていた。(49)

今日では、大写真家がむら草に魅せられて足を止め、ジャン・サントゥイユに託された感情を理解する。かくしてマリ＝ジョゼ・ピエ〔フランスの造形作家、一九五一—〕は生い茂った草が呼びおこす触覚を日々追いかける。「ここの草はふわふわ、あちらの草はぺたぺた、別のところの草はちくちくする[50]」。

珍しい境遇のむら草は特別な感情を伝える。すでに挙げた、土手や溝、路肩に生えた茂みに加えて、荒地に逃げる草、鉄道のレールのあいだの草もある。水の奥に姿を現す草も忘れてはならない。これらの類のむら草は関心を引いた。ジョルジュ・サンドは『コンシュエロ』において、溝に沿って生える粉っぽい草が呼びおこした驚きを語る。マルセル・プルーストは『ジャン・サントゥイユ』において、暗い土手の草に失われたヒナゲシがもたらした感覚に大きな紙面を割いている。「草によって侵略された小道とはなんという世界だろう」とウルフ・ソレントはつぶやく[51]。詩人のギュスターヴ・ルー〔スイスの詩人、一八九七―一九七六〕は草と花を称えて頌歌を書く。「朝露のついていない土手の花々よ、きみたちは旅人にとってはつまらぬものだが、一人ひとり彼に挨拶する。やさしくその陰になり、自分がきみたちの顔に震えながらのしかかっているとは考えもしないその頭にやさしくする。合図、またおずおずとした呼びかけであり、唇のない声のこのささやき以外にはもはや人間がわからなくなってしまった人間への愛撫である花々よ[52]」。

ジャック・レダ〔フランスの詩人、一九二九―〕は土手の草や、ほんの小さな隙間にも生える草、名前を知らない「あちらこちらにある広い野原」をめぐって、一冊の詩集を書いている。田舎のレストランホテルで、彼は目覚めに「朝露の下で土手の草がぶるっと身を震わせる」のを耳にする[53]。ジャック・レダは草の感覚のうち、草とレールの関係、盛り土の草、ホームの端の草、使われなくなった線路の草に魅了されると言う。この詩集を解説してジャン＝ピエール・リシャールはレールと一本の草との親近性について考え、どちらも線形、硬さ、鋭さ、快活に属していると指摘する。草がはびこる場所である荒地の植物は、土手の草やレールの草と同様の関心を呼びおこすが、それは消滅させるよう努めなければならない。荒地の植物は「悪い草〔雑草〕」と呼ばれるものに属すからだ。

一方、エリゼ・ルクリュ〔フランスの地理学者、一八三〇―一九〇五〕は『小川の歴史』において、水の奥で育ち広がる草に魅了された様子を示す。水の底では光がもののかたちを変える。「長い髪のように広がった草の束が、水流の力でくねくねとうねっている。流れの速いところでは草はいらだちながら細かく震える。ほとんど動かない水の層では壮大に広がる。だが、うねりのなかで遅くなり速くなりするため、白みがかったくすんだ色から濃い緑へとたえず変化しながら、草は視線から逃げてしまう〔…〕」。ルクリュはこの流動的な光景から生じた感情を詳しく述べる。撫でられ、巻きつかれて、「わたしは漂う草、〔…〕震える草のうねりと一体になる気がする」と打ち明ける。(54)

今日フィリップ・ドレルムは、彼に先立つ作家によって表された感情を取り戻している。「中央が草に侵食された」道路、および「路肩でより青ざめた草」を認める。狭さにかかわるこのふたつの情景は親密さをつくりだす。(55) 緑の散歩道、草がはびこる小道、草の勾配、草の階段が生み出す特別な感情は濃厚だ。ヴィクトル・ユゴーは旅行中、斜面と小道の草の存在にとりわけ敏感なさまを示す。ある晩、アーヘン〔ドイツ西部の都市〕へ出かけた際、彼は夜中まで「すがすがしい緑の散歩道」にとどまる。その後、ある廃墟へたどり着くために「芝の細い勾配」をよじ登り、「草の階段でいわば上階に」上がる。別のところでは、散歩中、彼曰く詩人のための、伸びた植物に覆われた小道が小川に沿って通っているのをかすかに見分ける。ある声が彼に語りかけるように思われる。「おまえは草や苔、湿った葉、樹液で膨れた枝［…］、漂う香りを求めている。よし、入れ。この小道はおまえの道だ[56]」。

雑草

みなが詩人のまなざしを持っているわけではない。何世紀ものあいだ、大多数の個人にとって、魔術との関わりすべてを別にしても「悪い草〔雑草〕」はあるのだ。もっとも激しく嫌われるのは、抜き取るのが非常に難しいカモジグサと、這いつくばって他の植物の生育を妨げるドクムギである。福音書において後者が批難されていることが思い出される。ニュートンにとって雑草は耐え難かったと言われている。キース・トマスによれば、一般に、十八世紀の庭師にとってすべての野生植物は雑草であった。ベシュレル辞典の著者が一八六〇年に「悪質な草」と形容した「悪い草〔雑草〕」は農家と畜産家から忌み嫌われていた。それは引き抜かねばならない、可能なら根こそぎにすべき草であった。オリヴィエ・ド・セール〔フランスの農学者、一五三九―一六一九〕は一六〇〇年出版の『農業論』で、闖入者、とくに小麦のなかの闖入者に対する闘い方を指示する。「悪質な草」は「小麦を不活発な状態に」おしとどめるため、除草しなければならないと断言する。どのように作業すべきか明確に説明される。適切な時期を選ぶことが重要だ。すなわち「わたしが小麦の隣にあることに気づいていた悪質な草に、人が気づくようになる」ときである。「あまりに若いうちに抜こうとすると、悪質な草すべてを良い草から見分けるのは簡単ではないからだ」。しかし、悪質な草が「生育しきって小麦が窒息する」のを待ってはならない。「有害な根［…］」をより簡単に引き抜くため、除草するには雨によって土が湿るのを待つ方がよい。したがって除草は概して、「つましい人々」、主に女性たちの仕事である(57)。

この嫌悪、とくにドクムギに対する嫌悪は、より広くは野蛮に対する嫌悪を示す。ウィリアム・シェイクスピアの『ヘンリー五世』に言われるように、雑草には美しさも実用性もない（第五幕、第二場）。イギリスでは、十七世紀および十八世紀、何人かの農学者の文章で雑草への批難がライトモチーフになっている。だが、これまで見てきたように、同時期に反対の意見が展開される。十七世紀半ばにはすでに一部の芸術家と博物学者が、軽視されている植物が美しいとみなしている。雑草はむら草とともにこの新しい評価を享受する。一六五七年にはある薬草販売者が、庭師のなかには一般人が雑草と呼ぶものを評価する者もいる、と請けあいさえする。十七世紀には水彩画家があらゆる野草を描いている。その後、中流階級の人々が地方を散策し植物の採集に夢中になると、次の世紀のロマン主義者にとってと同様、かれらにとってはもはや「悪い草」は存在しない(58)。

大西洋の反対側では、ヘンリー・デイヴィッド・ソローが雑草を神聖化する。雑草をもっとも謙虚な者とみなすのだ。ソローは人間の評価における雑草の立場を復権したいと願う。雑草が農家から軽んじられており、しばしば打ち棄てられた土地に広がることから、彼は雑草に対していっそう親近感をおぼえる。雑草は他のどんなものより、彼の野生化の欲求に応える。「わたしにとって、カリフォルニアの巨木よりもコンコード〔アメリカ北東部の町〕の野草のうちにより多くの生命があるのだ」と書く。[59] かくしてソローは一般的に軽視されている紫の草を、それに共感をいだくとまで公言して褒めたたえる。紫の草は「放棄された丘のふもとに」生える。それは人に気づかれもしない「貧弱でかぼそい草」である。[60] いくどとなくソローは自らをもっとも謙虚な、そして彼のように孤独な草と引き比べる。一方ヴィクトル・ユゴーは『静観詩集』において次のように書く。「わたしはクモが好きである、またわたしはイラクサが好きである。なぜなら人に憎まれているからだ。排斥され、かよわいからだ／〔…〕通りがかりの人々よ、しがない植物にお赦しを」。[61]

ジャン゠ピエール・リシャールは雑草に対する現在の嫌悪を分析しようと努めた。彼によれば、もはや悪質な草や非生産的な草、すなわちイギリス人農学者によると作物（crops）に対して雑草（weeds）に当たるものが問題なのではない。草が悪いと言われるのは、草が「不実、流れ者、危険」であるもののように見えるからだ。つまり「それが知覚、知性、あるいは文章いずれの範疇であれ、逃走、不測の事態、逸脱を象徴しうる」[62] からである。

別の視点からラスキン〔イギリスの評論家、一八一九―一九〇〇〕は、忘れられた植物や草の場合を含めて、生命の美しさを称える。「生命は、ささやかなものであれ、それ自体固有の美的特質を持たないことがあるだろうか。同時に、生き、生長するもの、苦しむように見え、衰弱し、死ぬもののすべてが、わたしたち人類の幸福や充実や苦悩のいくつかの状態を、自然との闘いにおいて表現するように思われないだろうか」。この生命の美しさを、ラスキンはごく小さな植物のうちに、なかでも、ときに「残酷な風を震えながら」よけようとする弱々しい苦しげな小花のうちに発見する。[63]ジル・ドゥルーズ〔フランスの哲学者、一九二五—一九五〕とフェリックス・ガタリ〔フランスの哲学者、一九三〇—一九二〕の方は、もっとも賢い人生を送るのはおそらく雑草であるとみなす。[64]

気づかれたであろうが、草の形態や機能、および草がもたらす情動は多様であり、ときに矛盾する。本書のように、薬草とその採集、工業生産される草、魔術用の草を対象から外すとしても。加えて、目下のところ牧場や牧草地の草は含まれていないが、これらに関しては詳しく後述する。

神聖なものとの結びつき

それでは、多くの人にとっておそらく重要であったことがらに入ろう。草と神聖なものを結びつけるものについてである。草は旧約聖書に登場する。創世記によれば、草の創造は動物そして人間の創造に先立つ。草は三日目には現れる。聖書において草は、憂鬱状態あるいは敵のその後の状況を表すように、人生との比較要素としてたびたび引き合いに出される。「悪人に対して憤慨するなかれ［…］かれらは草のように萎れるのだから」〔詩篇三七〕。「切られた草のようにわたしの心は潤いをなくす。［…］日々は影のように過ぎ去り、わたしは草のように枯れる」（詩篇一〇二）。詩篇一〇三は神への讃歌である。

人間、かれらの日々は草のようだ、
野原の花のように花咲く。
風が通れば、花はもうない、
花がいた場所はその花を忘れた。

「家畜を養うために山の上に草を生やすのは」神である（詩篇一四七、一〇四）。神こそが腹を満たす。新約聖書（マタイ伝一三、二四）において、小麦のなかに蒔かれ、収穫の前に集めて燃やさねばならないというたとえ話のドクムギは、悪魔の草である。ドクムギを蒔いたのは悪魔だ。ルクレチウスは大地の生命の始まりと「世界の鮮やかさ」を描くとき、次のように書く。

初めの贈り物は草の類とそれらの燦然たる緑の輝きであった。
大地はそれによって丘を取り囲んだ。
まもなくすべての平原において
花に覆われた牧場が青々とした輝きを放った。

より先の箇所では、

同じ方法で、まだ新しい大地は
最初に草と若芽の土台となった、
人間を創る前に［…］。

野原の詩神《ミューズ》が力を漲らせていたこの時代、草は子どもたちにとって「たっぷりの毛でできた柔らかな敷物」をなしており、青々とした草は人間の楽しみを縁どっていた。そしてルクレチウスは、人間が木の実を嫌い始め、「草でできた褥《しとね》と葉むらの床」をなおざりにするようになったことを嘆く。(65)

それからずいぶんあと、十八世紀にルソーが「一本の草は神の存在の感じられる証拠である」と書いていた。ラマルチーヌ〔フランスの詩人、一七九〇―一八六九〕の作品のジョスランは老いて、植物を熟知していた。

彼にとっては草それぞれが明白さの光明、
神が輝く偉大な言葉のしるしであった。［…］

普遍の魂のなかにも明確な魂の
明るい輝きを草それぞれに見いだし、
彼は草が感じ、考え、動き、愛するのを見ていた[66]。

このアニミズム、すなわち自然の創造の「汎感覚論」は、草が呼びおこす感情のうちにいくども神なるものの存在からの霊感を得たヴィクトル・ユゴーによって突き詰められた。世界においては、すべての生き物は語り合う、それが闇の口〔『静観詩集』所収のユゴーの詩「闇の口が語ったこと」〕の伝言である。

すべてが話す。流れる空気や漂うアルキュオネ、
一本の草、花、萌芽、自然の要素が。
おまえはまさか世界を別なふうに思い描いていたのだろうか。

そして牧人の小さな火が一本の草の震えを
金の星に送る。

さらに先では「神のみが偉大なのだ。それこそが一本の草の詩篇である」。

しがないこの世と宇宙との関係にたえず立ち戻りながら、ヴィクトル・ユゴーは書く。

眠れ、眠れ、草よ、そして眠れ、無限よ。(67)

リュドミラ・シャルル＝ヴュルツ〔『静観詩集』の注釈者〕は、草のテーマが頻繁に現れること、そしてヴィクトル・ユゴーにとって崇高なものは下の方にあることを強調する。それゆえ彼は敷石の隙間でそよいでいる草の茎に感動する。ユゴーは書く。

草は、永遠の感動に震えて、
てなずけられ、わたしと親しくなる。(68)

『静観詩集』で定義されているような祈りは、身震い、茎の震え、無限の宇宙を代わる代わる見つめることにある。

ヴィクトル・ユゴーと同時代人であるホイットマンもまた、草と宇宙の関係を描いている。「わたしは一枚の葉には星の働きと同じ価値があると思う」と彼は書く。(69) 次の世紀、今度はフィリップ・ジャコテが草と神聖なものの結びつきを称える。「神は牧場の緑である」と書く。(70) 別の箇所で、「草のなかに紛れた神(71)」を想起する。かつて一度もうまく祈ったことがなく、いまもいかなる祈りも唱えられないと断言するジャコテには、「牧場はとても小さな声でなされる祈り、心が落ち着くうわの空の連禱のようなものかもしれない」と思われる。

以上のことは楽園の草の根強い存在につながる。楽園の草はギリシア＝ローマ的であると同時に東方的なテーマである。ムニエ・ド・ケルロン〔フランスの文筆家、一七〇二―八〇〕によれば、プロメテウスの創造物に意識が誕生したのは、大地の姿を見たためである。かれらは平原の緑や草地の花の多彩な色によって魅了され、官能的な興奮を呼びさまされたのだ。(72)

前述のように、エデンの園は常春である。そのため、希望をもたらし、春を象徴する楽園の草が重要になった。ジョン・ミルトン〔イギリスの詩人、一六〇八―七四〕によれば、楽園の草は堕罪前のアダムとイヴにまとわりついていた。サタンにとって楽園はまず「緑の園」のようなものとして現れた。中世のホルトゥス・コンクルスス（hortus conclusus）〔囲われた庭〕が再現しようと努めたもの、少なくとも象徴しようと努めたものは楽園である。このイギリスの詩人によって表されたエデンの園は、「まばらな芝生、柔らかい草を食む動物の群れ」であった。アダムとイヴは、一糸まとわず「緑の芝生の上で穏やかにささやく、ひと房の木陰の下に座っていた」。かれらのまわりには動物が何匹か戯れていた。他の動物は「芝生の上に横になり、食糧に満足して、どこともなく眺めやるか、まどろみつつ反芻するかしていた」。青々とした泉のほとりでのキスはサタンにとって堪えがたい苦痛である。晩になり草は、その内側で夫婦がひとつになっている樹のゆりかごの構成要素になる。アダムは大天使ラファエルに、自身が創られたときにいだいた感情を報告する。目を覚ましてかれは言う。「わたしは花咲く草の上に力なく横たわっていた」[73]。

エミール・ゾラ〔フランスの作家、一八四〇―一九〇二〕もまた、エデンの園を十九世紀の真ん中に置き換えた場所であるパラドゥーを描きながら〔『ムーレ神父のあやまち』〕、愛と過ちが繰り返されるこの地上の楽園の草を称える。この場所で草は空間の詩学において決定的な役割を果たす。草は夢へ誘い、誘惑、愛、堕落を促し、それから苦しみを象徴する。パラドゥーは牧人のいない草地なのだ。

楽園の草は表象芸術においてきわめて早く重要な位置を占めた。中世のホルトゥス・コンクルススの草は楽園の草に並ぼうとした。「一角獣と貴婦人」〔十五世紀末〕は宮廷恋愛の美術にかなう草花の散らし模様に囲まれている。一四一一年から一四一六年にかけて、ポール、ジャン、エルマンのランブール兄弟が『ベリー侯のいとも豪奢な時禱書』に、わずかな牧場の花に伴われた多数の芝草を描く。まだ楽園の無垢のうちにいるアダムとイヴは繊細な草のなかで裸体をさらしているが、奥には丈の高い草が描き込まれている。

フィリップ・ティエボー〔フランスの美術史家、一九五二―〕によれば、十四世紀から十六世紀初頭にかけて、堕罪の表象においてこそ――すなわちエデンの園のなかでこそ――最大限の明白さをもって草が展開する[74]。一四七〇年、ヒューホ・ファン・デル・フース〔フランドルの画家、一四四〇―一四八二〕は《人間の堕罪》を描く。草はそこに表されているが、茎と草むらは明確には描かれていない。一五二六年、ルーカス・クラーナハ父は《アダムとイヴ》において地上の楽園を再び取りあげる。柔らかな草が現れ、その茎は一本一本、羊が食む草むらに描かれている。楽園はまず緑地であり、緑は裸体が示す無垢に結びついている。以後、草の表象は曖昧になる。

表象的機能

草の社会的な象徴体系にはまだ触れていなかった。それは文学作品のライトモチーフでもある。序列という概念がしばしば草の表象を先導する。貴族の居城にある芝生の表象は所有者の社会的地位を明らかに示す。この高貴な草はそのようなものとして受けとめられる。フィリップ・ドレルムはそれを知っており、認めている。「丈の高い草（ノルマンディー地方の）に足を踏み入れると、城主の気分になる」[75]。とはいえ、もっともよく喚起されるのは草の謙虚な立場である。草は庶民と同一視される。草は踏みつけにされかねないつましい人々に似ている。十七世紀、十八世紀のイギリスでは、庶民階級出身の人は役に立たないイラクサのような雑草とみなされる、とキース・トマスは記す[76]。その後、一八三八年にはJ・C・ラウドン〔イギリスの造園家、一七八三―一八四三〕が、学術的な植物種は文明人であり、野生の種は先住民族のようなものだ、と書く。

さらに悪いことに、似たような視点から、草はときに猥褻を連想させる。イギリスの、同じ時代の現地語では、多くの種類の草が悪魔の草とみなされている。このような立場を理解しているからこそ、何人もの詩人が、またソローが、ないがしろにされる草に対し共感をいだくのである。すべての草のうちで、ヴィクトル・ユゴーがもっとも好むのはイラクサである。『レ・ミゼラブル』でマドレーヌ氏が農民に話しかける。「わが友よ、覚えておいてください、雑草もなければ悪い人間もいないのです」[77]。ミシュレ〔フランスの歴史家、一七九八―一八七四〕はまた、ミツバチのおかげで、草原が「みなが理解し合う社会」[78]のようだと感じている。

第2章

幼年時代と草

——記憶——

ジョン・コンスタブル《麦畑》
(1826　ロンドン、ナショナル・ギャラリー)

強烈な感覚

草は親しみのある環境に刻み込まれており、そのかすかな記憶は「触覚的かつ視覚的な子どもの欲望の存在」に結びついている。この初めの環境は、勾配のある牧草地や小川のほとり、転がり落ちそうな土手および「草による酩酊状態」に属すあらゆるものを含む。「水と草の厚み」は「草―記憶」[1]の中心にある、とジャン＝ピエール・リシャール〔フランスの詩人、一九〇七―八八〕は書く。ルネ・シャール一九〇七―八八〕はもっと上流へ、生命の源泉にまで遡る。「今晩一対のコオロギが鳴いていた草の地面によると、生まれる前の生命はきわめて穏やかであった[2]」。

幼児が体験する草の存在を捉えるためには、「わたし」が「自我」によって抑え込まれていない時代を考慮しなければならない。この時代は分析的な視点による視野の占領から免れているので、事物の十全な存在が際立つ。だが、昨日の明白な世界で、深い年月の記憶において体験された全事物との融合は、ときに意識的に感じられ、ときに感じられないまま、残りの人生に影響を及ぼす。概念的な言語に先立つ一時代の存在が保存され、探し求められる。草は、幼少期の終わりにつづいてごく頻繁にやってくる愛惜の念のきわめて重要な要素である。イヴ・ボヌフォワはこの始原の場の喪失を、「草の場[3]」を喚起することで象徴的に表すことを選んだ。

要点が示されたが、それを例証しなければならない。すなわち、草の最初の影響力が、時代とともに作家によってどのように描かれてきたのかを読み解くことだ。幼年時代の感覚的な学習から始め、草がそのなかで主要な位置を占める再出現、つまり記憶を呼び戻す衝撃をみていく。

ジョルジュ・サンド〔フランスの作家、一八〇四―七六〕は『我が生涯の記』において、幼年時代の思い出のうち、花咲くヒルガオの思い出がいかに重要かを詳しく語った。サンドはその香りが自身のうちにしばしば呼びおこした記憶を強調する。「わたしはそこで初めて、道の脇に、ヒルガオの花を見た。その白い縞が繊細に入った桃色の釣鐘形の小さな花はわたしを強く印象づけた」。彼女の母親はその香りを嗅ぐように、そして忘れぬようにと言う。「そしてわたしは、説明はできないのだが、よく知られている思い出と感覚の結びつきから、ヒルガオの花を嗅ぐと必ずスペイン山地のその場所とわたしが初めてヒルガオを摘んだ道端が目に浮かぶ」(4)。ヴィクトル・ユゴーによって語られる体験もこれに近い。ピレネー山脈の旅を語って、「わたしは幸福に感じていた。幼年期を思い出させるヒルガオの香りを何度も通りすぎたのだった」と書いている(5)。

幼年期に嗅いだ草と干し草の匂いの力はひとつのライトモチーフをなす。ジュリアン・グラック〔フランスの作家、一九一〇―二〇〇七〕は一九九二年、『街道日誌』において、家畜の鈴の音に導かれてセザリエ〔フランス中部の台地〕の牧草地を前にし、「陶酔させ、わたしたちのとても古い記憶を掘りおこすような、刈られた干し草の匂い」に触れる。「まるで人間は、人類種が離乳してから久しくなってもなお、大地に接してそこに生じる緑の泡をすりつぶしていた時代を憶えているかのようだ(6)」。

刈られた干し草の匂いの無意識的記憶はあまりに執拗なため、今日いくつもの書物の主題となっている。ごく最近ニコラ・ドレサル〔フランスの作家、一九七二―〕が『刈った草の香り』と題した意表を突く小説を出版した。ブダペストの雪降る通りを歩きながら彼は、なぜこの匂いが彼につきまとうのか、なぜ「わずかな瞬間」にも「なんら違和感がなかった」思い出が戻ってくるのか、そのとき作用している「ニューロンの魔術」はどのようなものか、と考える。この探求によって彼は、永遠に記憶されるごく微小の時間の思い出へと導かれる。それは幼年期の出来事で、十一歳の頃、彼は刈った干し草の匂いをすすんで嗅いでいた、というものだ。ニコラ・ドレサルは、「語られるよりも嗅がれる方がよいこの匂い、この歓び、この明白さ、刈られた草のこの香り(7)」に戻って物語を終える。

『草のなかの女たち』という小説で、フランソワーズ・ルノー〔フランスの作家、一九五六―〕は同様に、植物の匂いと無意識的記憶という結びつきを取りあげる。幼年期を過ごしたレ地方〔ブルターニュ南部〕に戻った主人公の女性は、草にうつ伏せになり、故郷が彼女だと気づいてくれるよう、草のなかに手を沈める。「そのとき幼年期に感じた香りがかきたてられ、彼女の中心を流れていた(8)」。

二〇一二年、グート・デ・プレズ〔フランスの作家〕は地方で過ごした幼年時代の思い出を一つひとつ手繰る。ウサギ用の草が詰め込まれた袋から漂う「植物の錬金術のくらくらする」匂いが浮かびあがる。彼は日暮れに干し草の時間が来る、と打ち明ける。「刈った草の酔わせる匂いでわたしたちは高揚し、狂ったように走ったものだ」。終わりは「幼年期の柔らかく香り高い干し草」への

讃歌であり、作家はこの終わりの言葉を書きながら、刈った干し草の匂いのため「古い香り」に酔っていると認める。(9)

嗅覚を離れて視覚の無意識的記憶へと移ろう。フィリップ・ジャコテは『手帖』において一九七三年五月、「幼年期に見た牧草地――まるですべてが虚しいか、永久に近づくことができないかのように、不可思議に悲嘆にくれたまなざしで見た牧草地」を想起する。(10) 幼年期が過ぎ去ったとき、人生全体を通してこのような思い出が、根源へ戻ろうとする主体の欲求を満たす。草は「本質的で、同時につかみどころのないいくつかのプレザンス〔現存〕」に属している、とイヴ・ボヌフォワは書く。(11)

草の記憶の執拗さ

導入代わりにここに置かれた以上の証言のあとは、時系列に戻ろう。記憶にかかわる草の影響の歴史は古く、十八世紀に繊細な魂が現れるにしたがい深化した。著名な記録文学者、ヴァランタン・ジャムレ＝デュヴァル〔フランスの歴史家、一六九五―一七七五〕は、この時代に自身の幼年期の歓びを記している。八歳か九歳の頃、夜になるまで牧草地で息を切らして追いかけていた鳥や蝿、チョウの他には仲間をつくらないことに決めたのだった。(12)

ルソーもまた、『告白』において、ひとりで歩いていた日々にいくども立ち戻る。牧場で浮かれた遊びを想像していたことを思い出す。『孤独な散歩者の夢想』第七の散歩でルソーは自問する。なぜ六十五歳になって植物採集の歓びに立ち戻ったのか、それは「虚しい研究」にすぎないのに。つけ加えて、おそらくそれは「青年期の実習と生徒の課題」に帰ることなのだ、と言う。なかでも、植物学は「わたしに自分の若い時代と無邪気な歓びを呼びおこす。もう一度それを味わわせてくれる」と断言する(13)。

田園を「無垢のゆりかご」とみなすベルナルダン・ド・サン＝ピエール〔フランスの作家、一七三七―一八一四〕は次のように明かす。「タンポポの羽で覆われた球体は、わたしと同じ歳の子どもたちと一緒に草の上に座って、ひと息ですべての冠毛をひとつ残らず吹き飛ばそうとしていた場所をあらためて思い出させた(14)」。

十九世紀前半のあいだ、ロマン主義の世代は草がその存在を明確に示していた幼年期の思い出を繰り返す。「申し分なく晴れた」ある日、牧草地で日向に座っていた「わたしは、幼年期の印象のいくつかを感じた」と、一八三三年四月五日、モーリス・ド・ゲラン〔フランスの詩人、一八一〇―三九〕は書く。当時そうしていたように大地の歌とさざめきをじっと見つめながら、「事物の最初の側面、つまり最初のまなざしで事物に見出した様相を新たにすることは、思うに、人生の流れに対する幼年期のもっとも甘美な反応のひとつである」と記す(15)。

同様にラマルチーヌは自身の幼年期の思い出において、あるいは作品の登場人物に託した思い出において、草の存在をいくども呼びおこす。ラマルチーヌは昔から彼を歓ばせた小川と芝の組み合わせを好んで語る。『前奏曲』において「父なる小谷」への讃歌をよみ、そのなかで幼年期の思い出によって引きおこされた郷愁を語る。ゆりかごはここでは音の鳴る風景である。「わたしの足音を聞き分けておくれ、踏まれゆく柔らかな芝よ」……。ラマルチーヌの故郷ミィイでは、あらゆるものがこの詩人に話しかける。「風、花咲くイバラ、緑の草や萎れた草〔…〕、牧草地の波動」、すべてに「思い出と愛しい陰」がある。(16)

フロマンタン〔フランスの作家、画家、一八二〇―七六〕のドミニク〔同名の小説の主人公〕はレ・トランブルの近くで、幼年期の草刈りを思い出す。「草刈りをしているとき、秣《まぐさ》を積みあげているとき、わたしはそこにいた。巨大な積荷とともに戻ってくる荷車に運ばれていた。大きな寝台に寝転がった子どものように積荷の頂に体を広げて、刈られた草の上を進む馬車の穏やかな動きに揺れながら。わたしは青々とした野原の端の向こうに、見渡す限り海が広がっているのを見ていた〔…〕。なにやらよりゆったりした空気の、より壮大な広がりのうっとりさせる感覚によって、わたしは一瞬現実生活の概念を失っていた」。(17)

おわかりのように、草の思い出から生じた情動は濃密であると同時に多様である。それらはまた、十九世紀のあいだ西洋のさまざまな文学に広がる。なかでもジョージ・エリオット〔イギリスの作家、一八一九―八〇〕がわたしたちの視野に入ってくる。「わたしたちが今日豊かな芝草の上に輝く陽光を目にしていだく歓びはきっと、萎えた精神のぼんやりした知覚にすぎないのだろう。そこに昔日の陽光の輝きや草はないが、これらはわたしたちのなかに生きつづけ、知覚を優しさに変えている」。(18)

これは、幼年期のはかない時間が後に残した、繊細で解きほぐしがたいあらゆる感覚が込められた言葉である。

ウィリアム・ワーズワース〔イギリスの詩人、一七七〇―一八五〇〕の詩作品はすべてこの、失われ再び見出された幼年期に属する感覚と情動の類型をありありと示している。

おおダーウェント川よ、
低い草原の草のなかを蛇行する
とても小さなわたしはそこに目を向けていた〔…〕。

ワーズワースはたえず、子どもの頃、五歳の頃からうろついていた場所を描き出す。「なめらかな草のなかをヤマシギが走るむき出しの丘」。彼は「自分の幼年期の歴史家である」チョウに話しかける。平原の草のなかに横たわり、「幼年期に聞いていたのと同じ場所で」カッコウの鳴き声を聞く。ワーズワースはまた鳥狩りを憶えている。彼が「カラスの巣の上で草の茎をつかんでじっとしていたとき」のことを(19)。

ジョン・ラスキンは『建築の七燈』において、春の草原に集まった花が生み出す「強烈な印象」は「花の命とは別の命の存在」による、と考える。すなわち「決して絶えることのない創造の栄光は〔…〕、創造が春の再生によってそれ自体でありつづけることよりも、思い出によってより貴いものとなる事物に由来する」[20]。

大西洋の向こう、ホイットマンの心にとって大事な草は幼年期の想起において非常に際立っている。「子どもはかつて日々外に出た。／［…］子どもに早咲きのライラックがもつれる。／そして草が［…］四月と五月の野原の若芽が彼にもつれる／［…］道の脇のありふれた草[21]」。

イタリア語はロマン主義の時代、この類型の情動の一部を担っている。レオパルディ〔イタリアの詩人、一七九八―一八三七〕は「思い出」と題された「歌《カント》」において、彼にとって好ましくない時代を描く。そのとき幸福な感覚の目覚めはまだ到来しておらず、「子どもの頃、わたしはすべての歓びを軽蔑し、［…］静かな曙光の沈黙も草原の緑も好きではなかった」と書く[22]。

二十世紀の作家は、先に見たように、さまざまな方法で草と幼年期を称えるこの長い連禱に加わる。アンリ・ボスコ〔フランスの作家、一八八八―一九七六〕の『ズボンをはいたロバ』では、のちにあらためて触れるが、コンスタンタンが思い出を一つひとつ語る。彼は子どものとき、「夏の陽の匂いがする乾いた草［…］」のなかに何時間も座っていた。「わたしは少しずつなま暖かい大地との喜ばしくも不安な接触を取り戻していた。それからというものこの思い出はわたしの人生を魅了してやまない[23]」。

コレットは、青春時代の思い出を並べた『葡萄の蔓』において、春の到来に対する無意識的記憶という主題をつまびらかに展開させる。コレットは読者に語りかける。「新しい草の緑が［…］あなたの鼻腔に気まぐれなスミレの変わらない香りをもたらす。匂いを嗅いで、年月を忘れさせる媚薬をごらんなさい。わたしがするように、あなたの前で幼年期の春が蘇り、大きくなるのをごらんなさい」。スミレのさまざまな種類を延々羅列したところで、コレットは声を上げる。「ああ、幼少期のスミレたち。みなわたしの前に立ち上がって四月の乳白色の空に格子模様をつける。数えきれないほどの小さな顔にわたしはうっとりする」[24]。

ヘルマン・ヘッセはおそらく、草と思い出のあいだに織り上げられた関係をもっとも長く扱った作家である。ヘッセは『私の幼年時代』で三年生の終わりから始まる時期に触れ、ひとりで巡り歩いていた牧場での散策の様子を語る。それは意識の奥に「つねに輝いて、終わらない美しい夢のように」とどまっている。当時の家庭生活から残っている思い出には「わたしが草のなかで営んでいた生活の統一性も明瞭さもない」と書く。「草のなかで味わった孤独の時こそがまた、幸福の苦しい感覚をもっとも強烈に感じさせたのである。この感覚にはかならず幼年時代の道の歴訪が伴う。今日でもなお、この平原の草の匂いが甘美にそよいで頭をくらくらさせ、いかなる時代の他のどんな牧草地にも」これほどの感動的な美を「見つけることはできない、という奇妙な確信をわたしに与える」。

ヘッセはさらに書く。「このような考えをひねりまわしているうち、その後自分の目で見、自分の手に取ることができたすべての貴重なもの［…］、それらはみな、この牧草地とそこにある素晴らしいものに比べれば、ほとんど重要ではないような気がする」[25]。

ポール・ガデンヌの『シロエ』の主人公であるシモンは、散歩中に牧草地を眺めながら、「突然、何年も前から、子どもの頃からこの牧草地を知っている、そしていつもこうして眺めていた、という確信を得た[26]」。この記憶の衝撃は、作者によって想像されたのだが、幼年期の思い出や、無意識的記憶、風景との再会を超えるものである。それは、心理学者にはよく知られている、「デジャ-ヴュ〔既視感〕」の偽りの現象に属す。

ローベルト・ムージルの特性のない男は、「半ば意味を剝奪された謎めいたイメージ」を経験する。イメージは「わたしたちの人生の道のりにとどまる」。ところで、ウルリッヒの人生の節目となるそれらのイメージの最初は、彼の青年期の思い出である。それは「早朝の牧草地」だ。ムージルは付け加える。「これらのイメージは世界にあるもっともはかないものに当たると考えられているようだが、一瞬のあいだ、全人生がそのなかに溶け込む[27]」。

ギ・トルトザ〔フランスの美術批評家、一九六一―〕は、草の無意識的記憶を称賛した一連の作家のひとりであるピエル・パオロ・パゾリーニ〔イタリアの詩人、一九二二―七五〕を引用する。

わたしは一時立ち止まる
川岸の、葉を落とした木々のあいだの草の上に、
それから歩く、雲の下を進む、
そしてわたしは青年時代とともに生きる。

別の箇所、一九四一年の『カザルサ詩集』では、

ああ、わたしの子ども時代か。わたしは生まれる／
雨が放つ／
牧草地の、生き生きとした草の匂いのなかで［…］[28]。

子どもと草

草と幼年期を結びつけるものは無意識的記憶や記憶を呼び戻す衝撃だけに関係するのではない。より簡潔に、そこにはある種の行いが認められる。ひとことで言えば、子どもたちは草のなかで遊ぶことが好きであり、かれらの歓びを表す情景はまた大人の情動も呼びおこす。ドゥニーズ・ル・ダンテックが書くことには、「草はまさしく幼年期の場所である。子どもは草が大好きで、草を口に運び、引き抜き、投げ、散乱させる」[29]。そしてもちろん、草は肌触りがよい。牧場や芝生の草の上で遊ぶ機会がある場合、でんぐり返しやとんぼ返り、飛び跳ねることで子どもたちの一日にリズムがつく。牧草地の草の上を走ることと、そこで相手を投げ倒そうとすることは田園生活での主要な遊戯である。このように、草のおかげであらゆる種類の慣例的な遊びと循環が可能になる。

ウォルト・ホイットマンは、子どもが草に向ける注意と草が子どもに呼びおこす疑問に関心をも

つ。「子どもは両手いっぱいに草を持ってきてわたしに、草って何、と尋ねる／子どもにどう答えようか……わたしは子どもより草のことを知っているわけではない」。ホイットマンはそこで、草は「植物から作られる乳児」であるとか、「希望が織り込まれた緑の生地の、わたしの気分の天幕」であると答える(30)。ヴィクトル・ユゴーは子どもたちに草の上を歩くよう促す(31)。その光景は彼を感動させる。例えばバッハラッハ〔ドイツ南西部〕の、ユゴーが滞在する民宿の裏庭で小さな男の子三人と小さな女の子二人が、一日中「顎まである丈の高い草」で遊んでいる光景(32)。これに関しては、緑の牧場が好きだった娘のレオポルディーヌ——亡くなった——を想うユゴーの悲しみに留意しなければならない(33)。

物語の分野では、エンマ・ボヴァリー〔フロベールの小説『ボヴァリー夫人』〕が外で自分の子どもが笑うのを聞いて感動する。「実際、そのとき小さな女の子が、乾燥させていた草の真ん中で、芝生に向かっていた。女の子は干し草の山の上でうつ伏せになっていた(34)」。

知っての通り、子どもの場合は、牧場で体験する戯れよりも公園での散歩がしだいに優勢になっていくが、これについては後述する。公園では、草はとりわけ眺めるべきものだ。たいていの場合、草を踏むことは禁じられている。そこで子どもたちは欲求に打ち克ち、美術館でするように目で触れることを学ばねばならない。よって、このような草との関係において子どもは克己と自己抑制の倫理を身につけ始める。

第3章

牧場《まきば》の体験

ギュスターヴ・クールベ《家畜と干し草車のある草地での午睡》
（1867–69　プチ・パレ美術館）

牧場の特徴

牧場には長い歴史があり、それが今日、専門家の注目を集めている。牧場の定義は――かたちについてはさておき――中世から二十世紀までほぼ一定でありつづけている。(1)牧場は柵に囲まれ、つねに草が生えた――重要なのはこの恒常性だ――区画であり、面積は限られ、放牧を目的とし、しばしば川沿いに位置する。牧場は草に対する強い願望を明らかにする。それは、少なくともフランスにおいて、中世の中期を特徴づけるものであった。牧場は当時垂涎の的であり、とくに街が農村を経済的に支配するときの道具であった。牧場は要となる区域の中心に位置していた。しかし、牧場を特徴づける性質は変化した。十八世紀終盤の牧場は十三世紀の牧場とまったく同じというわけではない。牧場は空間的かつ社会的な再構成の対象になったともいえる。さらに、牧場の定義や外観はフランスの各地方によっていくらか異なる。いずれにせよ開発者は、草の適切な管理を遂行したければ、それぞれの時代において、所有する牧場の特徴を知ることを義務とした。だが、牧場はその空間的、経済的、社会的な定義に属するものとはまた別のものでもあり、それがわたしたちの主題である。

たしかに、一六〇〇年に出版されたオリヴィエ・ド・セールの『農業論』は農村空間の審美的な評価ではなく、「世界の統一的な把握」、つまり「世界の開発事業」である。(2)とはいえ、芝生に関連して再び触れることになるが、この作品にはある仕方で、美的な感情に属する情動が織りこまれている。たとえば著者が牧場を描く場合だ。著者は牧場に当てた章において、「管理」から期待される利益と同様に歓びを強調する。期待による二重の幸福は古代ローマ時代から、とくにカトン（大）によってすでに表されていたと指摘する。牧場によってもたらされる歓びは、十六世紀が終わる間際に簡潔に語られたところでは、その美しさに由来する。オリヴィエ・ド・セールは書く。「他のどのような装飾によってもこれほど麗しく家を飾ることはできまい。常緑の草と季節の花々のつづれ織りが目と知性を楽しませる。そして、足を踏み入れやすいので、いつもわたしたちに心地よい散歩道を提供してくれる」。したがって、「村の名士のあいだでは、牧場は――とくにそれが囲われている場合――領地の栄光の場と言われる」。「優れた経営者は［…］、いみじくも、領地のあらゆる部分のなかで牧場をもっとも高く評価する」。それには「労力や辛苦によってよりも、気遣いや好奇心によって」容易に牧場を管理できることもあるのだが[3]。

「体験としての風景」。ルネ・シャールの作品に想を得たこの表現は、文学史家ミシェル・コロの研究の指針となっているが、とりわけ牧場によく当てはまる。牧場は「あり方」だからだ。牧場は性格をもっている。要するに、それは一個人である。「牧場には熱狂がある」、とつけ加えるフランシス・ポンジュは、四年かけてリニョン〔南仏の村〕の端にある牧場に思いをめぐらした。牧場には「死に方」と「特殊な永続の方法」がある[4]。この点について、ポンジュは牧場と、牧草地または放牧地との違いをもち出す。牧場においては、草は長く伸びすぎても、伸びるのが速すぎてもいけないからである。

だが、「牧場の眺めがわたしたちを感動させ、考えさせるとすれば［…］、それはわたしたちと牧場に、同じ自然界の動きに加わるものとして、なにかしら共通するものがあるからだ」[5]。牧場はわたしたちの自然の一部をなす。ときに自然は、わたしたちのあり方にふさわしい牧場、わたしたちの運命に登場する牧場を用意してくれる。それゆえフランシス・ポンジュの『牧場の制作』では、詩人自身の感情面も語られるのだ。

ヴィクトル・ユゴーからギュスターヴ・ルーまで、あまたの詩人が牧場を観照するよう促してきた。牧場と、見る者の内面とのあいだの照応を感じるため、そして「あらゆる事物の真の言葉」を聞くために。「おわかりのように、わたしたちはいつも独りとはかぎらない。この牧場をごらんなさい」とギュスターヴ・ルーは書く[6]。

牧場を特徴づける点は数多い。牧場の完全性はまず、傾斜が多いこと、清潔さ、模範的な明瞭さによる。フランシス・ポンジュによれば、牧場は注意深くぎりぎりに刈られ、短く、「すべて用意が整った場所」であり、したがって「明確な決断」の場、すなわち「明確な思考」の場である[7]。

水の存在

重要なのは水との結びつきである。牧場は雨に対する返答、つまり「雨による緑の具現」である。

前述のように、ポンジュは草の茎を水の噴出の具現化とみなすが、また「樹液の噴出の立ち上がり」ともみなしている。(8) ミシェル・コロは書く。牧場は、蒸発する代わりに大地を通過し、「草というもっとも基本的なかたちで生命に再生をもたらす」ことを選んだ水の変貌である。(9)

ヴィクトル・ユゴーは『光と影』において、「主よ、何をおつくりになるのか」と、世界の謎を列挙しながら問う。「あなたの作品は何の役に立つのでしょうか。[…]／牧場は、芝生を洗う澄んだ小川は[…]」。(10)

フィリップ・ジャコテは「逃れる川」、すなわち「性急な川、草の合間を抜ける水の雷電」に驚嘆する。「川は牧場の反対側できらめいている」。川はまずふたつの眠った牧場のあいだに見出される。より鋭くなったまなざしが語る。「これはなんと素晴らしいのだろう[…]、なんと素晴らしい輝き、幻影を見るのに似つかわしい空の上ではなく、これほどひっそりと、大地のなかに」。しばしば登場するこの川の一節においてフィリップ・ジャコテは、世界にある、流動性と脆弱性が支配する地点のひとつを感じとっている。それらの地点では、わたしたちは死に対し、より勇敢に立ち向かうことができる。(11)

ときに牧場では泉が静まり返っているようにみえる。イグサのあいだにあるただの水たまりもあれば、ふたつの石のあいだから滲み出ているものもある。「闇から逃れ出たばかりで、これほど愉快に光を反射するこの水に、どうして魅了されずにいられようか」とエリゼ・ルクリュは問う。それは「牢獄から解放され[…]、青空と木々、芝草を眺める」陽気な妖精を思わせる。「泉はその水の澄んだサファイア色に偉大な自然を映し出す。そしてその澄んだまなざしに見つめられると、わたしたちは自らのうちに神秘的な優しさが浸み込んでくる感じがする」とルクリュは結論づける。

泉の密かな恋人を自称するルクリュは、散歩中の中学生に、石を持ちあげて小さな源泉から水が湧き出るのを見るように促す。「まもなく彼の心は素直になり、快活で純真になるだろう」。彼の小川の源泉近くで、そのさざめきがほとんど聞こえないときには、ところどころで、「両岸のあいだを通る水の震えとしわくちゃになった草の不平を聞くには、耳を大地につけ」なくてはならない、とルクリュは書く。彼にとってこれらの泉は世界の若さを表し、人類の誕生を思いおこさせる。(12)

ルクリュは『小川の歴史』において、牧場と川の組み合わせについて詳しく語る。「芝の絡まり合った根が深淵の上の層を支えている。わたしたちみな、村の子どもたちにとって、ぐらつく縁の部分に沿って器用に走り、この部分をひと蹴りで大きな断片に崩し、そして断片の落下に巻き込まれないうちに逃げることが大きな歓びだった」。

不規則な水の動きを示す草に沿って流れる小川の存在は、牧場の重要な構成要素である。ジャン・ジオノは『二番芽』において、草と「牧場で大きくなる」小川の組み合わせに注意を向ける。はじめに小川は寝た草に沿って素直に流れ、つぎにごうごうとなり、夜には「まばたきして待ち受ける草色の大きな目の穴しか見えない」。そして家のやや近くにある別の小川に関しては、それは「汚れた草の口髭をびっしり生やし、雨で水かさが増したので[…]ぶつぶつ言っている。決して満足しない[…]。小川というのはいつもこんなふうだ(13)」。ジオノは『世界の歌』で、今度は春の牧場の小川に興味をもつ。「水の流れが踊り、草の下すべてを巡っていた」[14]。フランソワーズ・ルノーは『草のなかの女たち』において、草のあいだをすり抜ける小さな流れがもたらす感動を語る。「小流があまりに爽やかに、あまりに朗らかにさわさわと流れていくので、歌っているのは大地だと断言できそうなほどだ[15]」。

川沿いよりは少ないが、沼の場合も同様である。トマス・ハーディは小説『遥か群衆を離れて』において、ボールドウッドがバスシェバに求婚する場を「すべてが歓びと調和である」牧場に設定する。そこにはひとたまりの水があり、そのそばでは「芝が、水の近さがもたらす湿気によって、素晴らしいエメラルド色をまとっていた。一方まわりの牧場には花々が散りばめられていた[16]」。

感覚への多彩な呼びかけ

牧場という植物の織物は、フランシス・ポンジュによると、もっとも統一され、もっとも簡潔で、もっとも控えめである。牧場の織物はなにか細密で薄いものを表している。それは「自然によって[…]筆で刷《は》かれたごとく、さっと描かれたように平らに広がっている。自然の最終的な成果のひとつ、もっとも完璧な仕上げのひとつのように」。牧場は自然のもっとも簡潔な表現において植物全体を、世界の基盤のひとつを表す[17]。都市にある公共の庭園と異なり、牧場は立ち入り禁止ではない芝生である。それが、わたしたちが牧場を好む理由のひとつである。

なにより、牧場は緑色で和ませてくれ、緑色ゆえに快活である。牧場の色は草のはかない新鮮さによって生じる。渋さが勝るこの緑は、緑色のいくつもの層によってできている。牧場は他の特徴も示す。その居心地のよい表面は、刺激を与えるのではなく魅了する。それは草のあり方、すなわち、フランシス・ポンジュによれば、ときに「匿名による単一的な、柔軟な同意[18]」をなす、単調な起伏に由来する。

牧場は豊かで多様な感覚的メッセージを発する。牧場は鳴る。牧場は名演奏家の手によって奏でられたチェンバロだ、とランボーは『イリュミナシオン』で書く[19]。バッハのブランデンブルク協奏曲第五番の第一楽章はポンジュにとって、本当に草が書いたもののように思われる。この聴覚的特徴は牧場の呼吸、息の長さ、息づかいによるものだ。アルフォンス・ドーデ〔フランスの作家、一八四〇—九七〕は、牧場の匂いとその音色によっていい気分になった郡長の酔った姿を描く。水流が苔の下で神々しい音楽を奏でるあいだ、スミレの花はその芳しい香りを嗅ぐようにと、そっと彼を誘う[20]。

リュシアン・フェーヴル〔フランスの歴史学者、一八七八—一九五六〕はかつて、十六世紀の人間は感覚を働かせる独自の方法、なかでも独自の匂いの嗅ぎ方をもっていたことを示した。このことはデュ・ベレー〔フランスの詩人、一五二二—六〇〕の牧場に関する叙述によく表れている。

さまざまな色の無数の花に彩られた

不朽の緑が
その匂いによって
牧場の緑の栄光を芳香で満たす。[21]

晩、夜、朝、白昼と、牧場の観照はさまざまな質の情動を呼びおこす。フィリップ・ジャコテは「よりゆったりとした、より広大な、真昼間ではなく晩見られる牧場」に向けられた一連の感情に言及する。丈の高い草は

軽やかで、怖れる様子はいささかも見せず、不安さえも見せずに震えている。どちらかというと振動している。それは晩、アマツバメが飛ぶ長い夏の晩のことだ。[枯れてしまう]永遠のかよわい草を見ていると、物語が、歴史——かくも乱暴な——が想われる。[…]豪奢ではない豊穣、富裕ではない豊富[…]、活発で愛想がよく、安心できるみずみずしい広がり。[晩]空の下で表面を変化させる大地、分割され、身軽になり、活発になって沸き立つ大地[…]
そしてそのすべての地面は、かたちを変えつつも静かなこれらの大きい牧場、つまり、無名の花々が住まう、牧場の振動する広がりであり、[…]大地の黒い深みに結ばれていながら、そこにかろうじてひっかかっているような、細くまっすぐな茎の震えである。[22]

その一世紀以上前、レオパルディは夜が来ると、牧場を照らす月の効果を窓から眺めて物思いに沈んでいた。

［…］月の落下が近づくにつれ、
月は大きくなっていったのだ
牧場のちょうど真ん中に落ちるときまで。

月は［…］、牧場の真ん中で
光を失い、少しずつ黒ずんでいった
そのまわりでは、草一面からもやが立っていたのだ。(23)

ジョン・キーツ〔イギリスの詩人、一七九五―一八二一〕もまた、『夜泣き鶯へのオード』で夜の牧場の草を称えている。

わたしにはどのような花が足元にあるのか見えない［。］
だが暗闇でも、この季節らしい時候によって

草や茂みに振りまかれた香りが広がっているので、それが何かわたしには見当がつく［…］[24]

フィリップ・ジャコテは早朝に出発する散歩者がいだく印象を述べる。「太陽が最大の強さで照る前に、何もない道端で牧場の眠りをとらえようと考える。なにかしら夜の、湿った、ひんやりとしたものが残っている［…］、そして一種の沈黙も[25]」。いま一度、この短い文章において、草地が土地の他の要素よりも情動を呼びおこすものであることが明らかになった。その一世紀前、ラマルチーヌは正午に太陽光を味わっていた。「それは牧場の上にあふれかかる濡れた網のようなのだ[26]」。

季節ごとの変化

当然ながら、牧場の観照によって呼びおこされるあらゆる情動は季節によっても変化する。春はここで特別な歓喜をつくりあげる。ヘンリー・デイヴィッド・ソローはマサチューセッツの草地における春の不意の訪れを描写する。「風が変わる［…］。そして牧場の草の上で長らくちりんちりんと鳴っていた氷片の一つひとつが、何百万もの仲間と同じ高さに間違いなく並びながら茎に沿って流れ落ちはじめる［…］。草には無数の宝石がちりばめられているようだった。旅人の足に触れられるとこれらの宝石は朗らかにちりんと鳴り、旅人があちらこちらを移動するあいだにも虹色のすべての色を照らし返していた」[27]。エマーソンは春のはじめ、なにもない共同の牧場を通りぬけるとき、雪解けの水たまりのなかを歩く。「とくになにか幸せな出来事を思っていたわけでもないのに、わたしはもう完全な幸福を感じた」と彼は書く[28]。六月、パルナス派の長であるルコント・ド・リール〔フランスの詩人、一八一八―九四〕は請けあう。

牧場には濡れた緑の草の匂いが立つ［…］芝は調和した声に満ち満ちている[29]。

一世紀後、春が呼びおこす情動の、疲れを知らぬ分析家であるジョン・クーパー・ポウイスは、五月、まだ昆虫の混乱したささやきが聞こえない頃に、牧場のサクラソウの匂いによって生じた衝撃をつぶさに語る。

サマセット〔イングランド南西部〕の大きなサクラソウの匂いは控えめで、震え声で話すようだが、それでも悲劇的な濃縮のあり方をそなえている。柔らかな花びらと、潤いのあるしわしわの葉、触れれば折れそうなくすんだ薔薇色の茎をもつこの花には、どこか自分の全存在を芳香の発散と化すところがある。他の花々は香りのする花びらをもつ。サクラソウにはより増したなにかがある。サクラソウのエキスが、空気中を漂って放出するものは、その命そのものなのである[30]。

クーパー・ポウイスはその後の箇所で、草のなかにいる登場人物を不意に襲う春の雨に触れる。「この雨の匂い、この雨の味、この雨の秘密、これらがただの水から雨を区別するのだ」と語る。[31] だがおそらく、『五月の牧場』と『五月』のふたつの詩でこの草地の特別な情動を語ったのは、いま一度、フィリップ・ジャコテである。そこで春は「草の祝祭、牧場の祝祭」と名付けられている。そして「牧場はずっと無垢になり、ずっと簡潔になって〔…〕戻ってくる〔…〕。牧場はまた、より不可思議でもある。それでもなお、おそらくは、より神聖でさえあるのかもしれない」。「地面すれすれにはおびただしい数の壊れやすく軽いもの、はや黄味がかった緑、鮮やかな真紅〔…〕。そして、赤の織り込まれた空気のかけらがあるならそれは、わたしの足取りに……わたしの人生に触れる草とヒナゲシだ」。

「わたしが見ている五月の牧場、まなざしに入る花々、ある思念にうちあたり、赤や黄色や青の輝き、夢に混じり合う、草、ヒナゲシ、土、ヤグルマギク。そして幾千歩のうちのこの数歩、幾千日のうちのこの一日[32]」。

モーリス・アルブヴァクス〔フランスの社会学者、一八七七―一九四五〕につづいて強調しなければならない点は[33]、幼少期からすでに、おそらく畑や林や森にもまして牧場は、その所有者あるいは開発者の存在と結びついている、ということだ。牧場は牧場なりに所有者の性格のいくつかを受け継ぐのである。驚くべきことに、牧場の体験のきわめて鋭敏な分析者であるフランシス・ポンジュとフィリップ・ジャコテがこの点については注意を向けなかった。幼少期から青年期にかけて牧草地に埋れていたわたしは、牧場のアイデンティティが、その所有者または借用者（農家）の容貌と性格、社会的地位に密接に関係していたことを思い出す。

付け加えておくと、牧草地においては、それが狭い場合、牧場のアイデンティティとそれがもたらす情動は、生け垣の存在によって引きおこされる情動と分かちがたく結びついている。生け垣はいかなる場合も小さな林と、ましてや雑木林や森と混同され得るようなものではない。むしろ、これらの植物群が存在する場合、それに隣接しているせいで、牧場がもたらす印象にいわば陰影が付与される。これらの植物群はいつでも不穏な存在感を示すがゆえに、牧場は暗くなり、晴れやかさが弱まってしまう。

牧場がわたしたちの自然の一部をなすという感覚の先には、牧場に対する願望が、実存にかかわる複合的な知覚の経験から生じている。この経験は絶えず語られ、とりわけ春には楽園のように心地よく思われる。牧場を観照すること、そこに足が沈むのを感じること、その感触、匂い、息遣い、呼吸を味わうこと、牧場の音を聞くこと、あるいは沈黙を堪能することは、牧場を格別な夢想の場所にすることだ。フィリップ・ジャコテの言葉はこれを表している。「牧場は死に対抗して地面すれすれでハミングする。牧場は空気や空間を語り、空気が生きている、大地が呼吸しつづけている、とささやく(34)」。

第4章

牧草地あるいは「草の充足」

カスパー・ダーヴィト・フリードリヒ《グライフスヴァルト近くの草原》
（1820–22　ハンブルク美術館）

広がりと色彩

専門的な辞書によると――その定義は中世以来つづいている――、牧草地は多様な種類からなる草本植物によって覆われた地面のことであり、もっとも多いのは広範囲のもの、放牧の場となり、また生の秣《まぐさ》か冬の秣用に、定期的に刈られる地面のことである[1]。本書に関するところでは、空間的に大きな規模、イネ科植物と花の種類の豊富さ、干し草刈り前の草の標準丈がきわめて重要である。視覚や嗅覚、触覚の感覚的なメッセージを決定づけ、牧草地を牧場から区別するのはこれらの点なのだ。

ポール・ガデンヌは牧草地の豊かさを定義した。ガデンヌに耳を傾けよう。『シロエ』の主人公シモンは、自分のバルコニーの前に広がる牧草地を眺める。彼には牧草地が「とても熱く、終わりつつある午後の陽光のなかに、体を伸ばしたよう」に見えた。「牧草地はゆっくりと、満ち足りた生き物のように穏やかに息をしていた。太陽は花や動物、大地そのものを歓ばせながら牧草地の上を巡っていた。そして全世界にあるのは［…］、互いに出会いにきたこのふたつの存在だけだった。この荘厳な結合、そこから愛の匂い、幸福への超人的な呼びかけがあふれ出てくる、牧草地と太陽の混じり合いだけだった」[2]。前日、シモンが牧草地を眺めていたとき、突然彼はこの牧草地を何年も前から、幼少期から知っている、そしてずっとこんな風に眺めていた、という確信を得た[3]。作家がこの先で説明するように、牧草地はすべての集約であった。牧草地がシモンを満たしていた。「だがこの同じ牧草地、反復するだけのように思われる見かけは単調なこの表面、これを知るにはゆっくり学ばねばならないようだ。そのためには何日も何日もかかるだろう［…］。そうだ、長い時間ひとりでこの牧草地とともにいて、深奥を探ること、そして牧草地が肢体を伸ばし、体を月下に広げて夜にしていることを理解することができるようになる必要があるだろう」[4]。ポール・ガデンヌによって示されたこの企ては、日々「牧場の制作」に勤しむフランシス・ポンジュの企てを思わせる。ただしガデンヌの小説では、後述するように、牧草地は謎めいた愛人アリアーヌが現れる枠組みである。

最近ではドミニク＝ルイーズ・ペルグラン〔フランスの作家、一九四九―〕が、厳密な意味での牧草地によって呼びおこされた印象と情動の要約を成し遂げた。牧草地は「精神が働き、止まり、食べ、反芻し、進んでは休み、蝿を追い、雲を眺め」、想像上の牧草地をつくりあげることができる空間である[5]。

ルネ・シャールによって「一日の収納箱」と形容された牧草地の威光に立ち戻り、より詳しくみていこう[6]。牧草地は、窓を開けるとき、朝ネルヴァルが嬉々として見いだす緑の地平線である[7]。その広さのおかげで見渡す限りに牧草地を把握することができる。牧草地は何よりも目を楽しませてくれる。じっくりと眺められるものである。

紀元二世紀、小プリニウスは友人のアポリナリスに、アペニン山脈の麓の広大な平原にあるトスカーナの領地を自慢する。これまでに引用した作家たちの方法で、牧場を称賛することから始める。「色とりどりの花が散りばめられた牧場は、クローバーや他の種類の草を生やす。それらはいつも生えてきたばかりのように柔らかく、また養液に満ちている。牧場はこの豊穣を、牧場を潤し決して涸れることのない小川から得ている」。

しかし小プリニウスは付け加える。「家の片側には自然の美しさが見事な牧草地がある［…］」。柱廊の突き当たりには食堂があり、その窓は「牧草地と田園の大きな広がり」(8)を望む。このトスカーナの家に捧げる頌歌は牧場と牧草地を格別なものにしている。称えているのは目の楽しみと、前世紀の詩人が詠んだ、心地よい場所《ロクス・アモエヌス》を超える空間の愉悦である。

ルネサンスはこの愉しみを取り戻す。ロンサールによれば、同時代人にならって、彼は牧草地のなかをさまよい歩く。これは一五五四年にロンサールが「田舎の愉しみ」と名付けたもののひとつである。この体験はとくに前年になされた。当時パリではペストが流行していたが、マルイユ＝レ＝モー「イル＝ド＝フランス地方」の主任司祭であったロンサールは自分の恩給地を訪れることに決めた。

朝から［…］
すっかり動揺して私は野原へ逃げる
空気を吸いに、美しい牧場を眺めに。(9)

十八世紀の初めにはすでにヴァランタン・ジャムレ＝デュヴァルが、青年期に出た多くの旅のうちのひとつで夢中になる。かなり高く盛られた土手道をたどりながら、両脇に見渡す限り「世界でもっとも美しくもっとも長閑な牧草地」を発見する。「牧草地は多数の小川によって区切られている［…］。これらの多様な事物のなかで、わたしをもっとも魅了したのは、沼の縁どりになっている葦とグラジオラスの森だった［…］」、と彼は書く。「風に吹かれて葦が立てる音と、そこに巣くう何羽かの鳥の鳴き声はあまりに生き生きとして沁み入る歓びであったので、いかなる表現もこの感情を十全に描ききることはできない」。幸福な滞在を終えるときのことをヴァランタンは報告する。「わたしは一日じゅう牧草地のあいだを散策していた。小川に沿って、無言のお別れを告げながら」[10]。老いたジャムレ＝デュヴァルによる青年期の物語できわめて重要なのは、情動の思い出にかかわる大袈裟な言葉である。彼が書くとき、牧草地を前にして現れるそのような感じやすい魂のしるしが、彼によれば、以降本人を笑わせたほどである。

十九世紀の初頭、ウィリアム・ギルピン〔イギリスの芸術家、作家、一七二四―一八〇四〕がまったく異なる視点から、すなわちピクチャレスクの追求という視点から、牧草地を高く評価した。牧草地は絵画のなかにたやすく挿入され、絵画の多様さをおし拡げるからである。牧草地、およびあらゆる青々とした面によって、視線は見渡すことができるようになり、情景を楽しむ。牧草地は色とりどりの花と波打つ表面で視線を歓ばせる。しかし、ギルピンは囲いのある小麦畑を嫌う[11]。

ロマン主義の時代がフランスに到来し、モーリス・ド・ゲラン〔フランスの作家、一八一〇―三九〕

は、同じこれらの空間のなかでいだいた情動を語る。いくども「傾いた草の層に滑り込む牧草地の気流[12]」を称える。それが自身の魂に重なるからだ。

ラマルチーヌは『ジョスラン』という詩において、「ワシの岩」という隠れ場所が潜んでいる「歓喜の小さな谷」――実際は牧草地――を褒めたたえる一連の表現に専心する。その一節は「風のみがそこに緑の畝の跡を残していく」芝生へと捧げられた、やむことのない讃歌である。

そよ風が吹くたび緩やかな波となって転がされる草、
そこを踏みつけるわたしの足元に無数の匂いが広がる［…］。
花咲く斜面に小川の泡、
乳のごとく牧草地の緑に吸い込まれつつ［…］[13]。

少々緊張感に欠けるこの詩情には短い言及で十分だが、とはいえ牧草地の影響力を証明している。中世以来、牧草地の喚起はまず、牧草地を彩る花の言及または描写である。牧草地はさまざまな色で飾られている。この特質によって呼びおこされる情動の性質を正確に示すため、時代は下るが、とくに重要な例を取りあげよう。

マルセル・プルーストは『ジャン・サントゥイユ』、さらに『スワン家の方へ』において、牧草地の花への讃歌をつづる。とくにラッパズイセン、サクラソウ、ヒナゲシ、スミレ、そしてキンポウゲについて。とりわけキンポウゲが多く咲いている牧草地を描きながら、プルーストはこの小さな花によって生じた情動を分析する。その牧草地は「ひとりでいたり、カップルになったり、集団を作ったり、草の上で遊ぶためにキンポウゲが選んだ」場所である。「花は卵の黄身のように黄色く、だが、思うに、味見へと誘う気配はいささかもないのでなおいっそう輝いている。キンポウゲを見るときにわたしが感じる歓び、それをわたしは、無用の美を生み出すのに十分なほど強力になるまで、金色の表面に積み重ねていた。それはわたしがごく小さい子どもの頃からしてきたことなのだ。曳舟道からキンポウゲに向かって両手を伸ばしたものである。おそらく何世紀も前にアジアからやって来て、狭い地平線に満足してずっとこの村に居続けた、フランスのおとぎ話に出てくる王子たちのような綺麗な名前のつづりを正確には言えないながら[14]」。

繰り返すが、さまざまな色に彩られた牧草地は深い草に覆われていることが多い。それがヴィクトル・ユゴーの注意を引く。ソンム河〔フランス北部〕の河岸は、まさに小さなフランドル絵画である、と一八三七年に妻のアデル宛ての手紙で書く。水は岸までなみなみと流れている。「甘美な島々［…］があり、物思いに沈む美しい牛のいる、深い草に覆われた小さな心地よい牧草地がいたるところにある[15]」。一八三九年に『ライン河』において述べられているが、ディナン〔ベルギー南部〕を過ぎて、ムーズ川は拡大する。「花々に縁どられた緑のビロードの衣が風景全体を覆っている」。ユイを過ぎると「これらの牧草地ほど生き生きしているものは他にない[16]」。

フィリップ・ジャコテは、牧草地の彩られた緑をじっと眺めることによって呼びおこされる歓喜を詳細に表現する。ある夏、何日もかけて、彼は花で満ちた牧草地を通り過ぎる。そうして最期の迫った友人の枕元に赴き、牧草地が自らに引きおこした驚嘆の念について自問する。まず始めは、その感情が単なる驚きに由来するものだとして納得する。青、黄、白の花々はその朝、ジャコテにとって真の出現〔超自然的な〕であった。だが、これはすぐさま、「わたし〔彼〕の感じた一種の内なる歓喜」を説明するには不十分に思われた。彼は考察を掘り下げようと試みる。キクニガナの青について次のように書く。「そこ、牧草地には、空が散らばっていた。夜のあいだに降ってきたらしい。朝露。草のなかに空気のかけら」。一方、「そこに交わり組み合わさる黄」は明るい黄で、「くすんだような、色味の抜けた、つまりなんの背景も、なんの深みも感じられない〔…〕、くすんでやぼったい」黄だった。白はというと、これもまた、「実際どちらかというと取るに足りない」。そしてフィリップ・ジャコテは自身の主観における、感覚が与えるものの逆説性を問う。「まさに、わたしが牧草地でこれらの花を把握できなかったおかげで、これらの花が一瞬わたしに、この世界を開く鍵のようなものとして現れてきたのだろうか。そしてもうひとつの世界、ペルセフォネ〔冥王ハデスにさらわれる〕が花を摘んでいるうちに呑み込まれたもうひとつの世界の鍵のように[17]」。

踏み入れる歓び

牧草地は観照がすべてではない。正反対である。いよいよ、歓喜の源である牧草地の道のり、すなわち、ときに粗野な、この場所で感じられる歓び、そしてそれを記憶にとどめた人々によって語られる歓びに触れなければならない。牧草地は牧場と異なり、長時間の歩行や彷徨、通過が可能である。これはドニーズ・ル・ダンテックが十九世紀に関して、「草の充足」における散策、と呼ぶものである。これによって、風や微風、緑の波、草の広がりに当たる雨の効果を感じることができるのだ。根源にあるのは、草のなかを長く歩き、草を踏み、駆け抜けたい、草の深みにあるものを探したいという欲求である。つまり、動く身体によって感じられる草に属するものすべてである。草の上を長く歩きたい欲求と、草を踏みつけるという運動がもたらす歓びとを区別しておこう。

「いざ行こう、空は青く、太陽は輝く、わたしたちの足が草の上を歩きたいとうずうずしているのを感じる」[18]、とフロベールはクロゾン〔ブルターニュ地方〕の近くで野原や砂浜を通りつつ散歩しているときに声を上げる。ウィリアム・ヘイズリット〔イギリスの作家、一七七八―一八三〇〕は一八二二年に「頭上の青空と足元の緑の草〔…〕が〔彼に〕もたらす」歓びを書く。「わたしは笑い、走り、跳び、嬉しくて歌う」[19]。実際、欲求の描写はしばしば抑えきれない歓びの話に転じる。モーリス・ド・ゲランは一八三二年、草を踏んで感じる歓びを言い表している。

わたしは通る道が好きだ。
わたしが飲む泉、座るベンチ
足で踏む芝生が好きだ。

わたしの心にはすべてのものが収まっている。[20]

フロマンタンの小説『ドミニック』にはより明らかな表現がある。四月の終わりのある日ドミニックは、まさに花咲く広い庭になっている牧草地を通る。太陽につられてヒバリが歌い、丈の高い草の上で昆虫が揺れていた。「わたしは降りそそぐ陽光に、芽吹きつつある植物の匂いに満たされ、空気にも染み込んだ春の盛りの生き生きした流れに満たされ、刺激されたようになって早歩きしていた。わたしが感じていたのはとても穏やかな、同時にとても激しいものだ。涙がこぼれるほど感動していたが、物憂さも陳腐な哀れみもなかった。歩きたい必要に追い立てられていた」。ドミニックは帰りに「特別な感情に満たされた」と感じる。[21]

ヴィクトル・ユゴーは、彼によれば、多くの旅行記が示すように、このような牧草地の歩行を何度となく行った。彼が徒歩の旅あるいは散策と呼ぶものの最中、「歩きは夢想を育む」。よって「朝露が草の先で震えているかぎり」、鳥がさえずり太陽が輝くかぎり、歓びは確実である。[22]

同時代、アメリカでは、ヘンリー・デイヴィッド・ソローが「歩く」と題した講演を行っている。ソローは「農家に堆肥用の荷車が必要なのと同じくらい、人間の健康にはいくらかの広さの牧草地を眺めることが必要である。人間が活力を汲みとる栄養源はそこなのだ」と断言する。この講演のあいだに、彼自身の思い出が語られる。「わたしたちは、萎れた草花を黄金色に照らす、とても澄んだ、煌々と輝く光、非常に穏やかに、静謐に輝く光のなかを歩いていた。わたしはこのような金の波に浸ったことはかつて一度もない、と思ったほどだ[23]」。

イギリスでは、エリザベス女王の時代から、牧草地を歩くことは、とくに五月一日には、一般的であった。この散策は人々の腐敗を抑止する狙いで行われた。十九世紀初頭の小説にはこの風習がたえず現れる。

膝まである草のなかを歩くことで、特別な情動が得られる。例を挙げるなら、イポリット・テーヌ〔フランスの哲学者、歴史家、一八二八―九三〕によって、あるいはより下ってポール・ガデンヌによって表現されているような情動である。イギリスの女性作家エリザベス・グージ〔一九〇〇―八四〕はその情動を強調する。彼女は大成功を収めたが、今日ではほとんど忘れられている。草に関する小説『リンドウの丘』の主人公ステラは、その美しさが古代の心地よい場所《ロクス・アモエヌス》を再現している牧草地を散歩する。それから「マーガレットの花が咲いた草のなかを膝まで深く入り込んで、ステラは草や花のようにゆらゆらしながら、唇は沈黙のままに、自分の魂の声が嬉しそうに昇っていくのを聴いていた。そしてこの甘美な歌は、血管が脈打つリズムをつくっていた[24]」。エリゼ・ルクリュもまた、特別な歓びを証言する。それは刈られたばかりの、干し草の匂いで満ちた牧草地から、まだ色とりどりの花が咲いている牧草地へと渡り歩く歓びである[25]。

牧草地の草と接することによってもたらされる歓びは、体験の報告であれ想像であれ、非常に高い度合いに達し、ときに走る必要を強く感じさせるほどになる。リルケはそれを、「聖なる春」を称える作法とみなしている。「遠慮がちに優しく裸足の小さな足をくすぐる新緑の牧草地を駆け抜けること、気が狂ったように大きくジグザグを描いて逃げ［…］無限の薄青へと消えていく最初のチョウを追いかけて飛び跳ねることは、なんという恍惚をもたらすことか(26)」。

牧草地で駆け回る歓びを称えた物語作家は多い。ここではこの歓びが詳しく述べられている例をふたつばかり挙げるにとどめよう。ウジェーヌ・シューの『パリの秘密』で重要な役を演じる若い女性、フルール・ド・マリーは、パリの外へと彼女を運んでいく馬車から、サン＝トゥアン〔パリ北郊〕の近くで草地に気づく。彼女は声を上げる。

「ぜひこのあたりの牧草地で走りたいものです……。」
「走りましょう、わが子よ」とロドルフ氏は答える。「御者、止まれ。」
「なんですって、ロドルフ氏、あなたもですか。」
「わたしもだ……。それが歓びなのだ。［…］」

ロドルフと歌姫［フルール・ド・マリー］は手を取り合って、遅れた二番草が刈られたばかりの大きな広がりを、息が切れるほど駆けた。フルール・ド・マリーの跳躍、はしゃぎ声、恍惚を語りつくすことはできないだろう。［…］彼女はうっとりとして大きく息を吸っていた。行っては戻り、立ち止まり、新たな陶酔とともに再び駆け出した。出始めの白い霧氷を免れたヒナギクの群生の広がりといくつかのキンポウゲを見て、歌姫はさらなる歓びの感嘆を抑えられな

かった。(27)

ともあれ、牧草地の草へ埋没する歓びのもっとも生き生きとした描写はエミール・ゾラの『ムーレ神父のあやまち』に登場する。それは小説の中ほどで盛り上がりに達するエロティックな場面に先立つ描写である。パラドゥーの端でアルビーヌとセルジュは「牧草地に入ったところだった。かれらの前には、はてしなく、大きな草の広がりが連なっていた［…］。草地はビロード生地のように和毛《にこげ》で覆われていた。その濃い緑は遠くにいくにつれて少しずつ青ざめ、水平線のへりでは、燃える太陽のもとで鮮やかな黄色にのみこまれていた［…］。宙を舞う埃が芝生の先に光の流れをのせ、一方、なにもないこの孤独の上を自在に通りぬける風がいくらか吹くと、触れられた植物の震えで草が波打っていた［…］」。

「アルビーヌとセルジュは膝まで草に埋もれながら牧草地のなかを歩いていた。かれらには、ふくらはぎに当たる感触から冷たい水のなかを進んでいるように思われた。ところどころ本当の水流を渡ることがあり、傾いた丈の高い茎の流れの傍で、かれらは足のあいだを水が流れていく音を聞いていた［…］」。

〈あやまち〉とセルジュの後悔のときが訪れ、アルビーヌは彼にこの散策のことを思い出させる。あたかもそれが、かれらが体験したもっとも強烈なことであるかのように。「ああ、牧草地のなかの小径……。もう記憶にないというの、セルジュ。大きな緑の沼を縫っていく［…］細やかな草の小径をもう憶えていないの」。「とても柔らかかったわ、あのはてしない絨毯は。絹のように滑らかで。［…］泡立った水がわたしたちを揺らす、緑の海のようだった」。セルジュはそれを思い出す。かつて「かれらは、たゆたう草の流れに沈み込めるよう［…］、草の丈が自分たちよりも高かったらいいのにと願ったのだ(28)」。

夜の草

牧草地の歓喜と体験を観照する時間は一日のうちの時刻で変化する。緑の水平線、とりどりの色が夜には消える。モーリス・バレス〔フランスの作家、一八六二―一九六三〕が『精霊の息吹く丘』で書くことには、牧草地は眠るとき、「穏やかさ、力強さの顔、陰気な顔」をわたしたちに見せる。草の色が薄らぎ、さらに、ヴィクトル・ユゴーの有名な表現によれば、黒くなるとき、草地は幻影に満たされるようだ。

夜の草に対するフィリップ・ジャコテの情動についてはすでに触れた。しかしジャコテが、翌日散策するつもりの牧草地によって、とりわけ黄昏時にもたらされる情動を語った別の文章がある。そのとき牧草地は「ほとんど黒い、仄暗い緑」になる。ジャコテは「まるで、なにかわたしたち自身の生命の秘密が、ある時刻、ただの草地に現れ出るかのよう、あるいは、隠れたままでいながらわたしたちに呼びかけるかのようだ」、と驚嘆している。そして詩人はこの呼びかけの本質を問う。

「わかりにくくぼそぼそとわたしに語りかけるこのほとんど黒い草地［…］、その言葉はわかりにくいとはいえ、とてつもなく落ち着くように感じるのだが、この草地はわたしを騙していたのか。わたしはそこから目を離すことができなかった［…］。下方ではこの草地は口を開き、深淵へと穿たれて、わたしをおそらく古代の事物へと連れていき、わたしに分厚い時間の層を渡らせるように思われた[29]」。そしてふたたび無意識的記憶に出会う。

プレーリー

以上のことに加えて、十九世紀前半のあいだ、もうひとつの牧草地が人々を魅了する。アメリカ西部の牧草地である。プレーリーは、グレートプレーンズが映画でおなじみになる前に、アメリカの想像世界を築いた文学的かつ歴史的な立役者である[30]。

開拓者が侵入する前になされた牧草地の詳細な描写の、最初のうちのひとつ——まったくの最初でなければ——は、ジョナサン・カーヴァー〔アメリカの作家、一七一〇—一八〇〕の作品である[31]。一七六三年十月に遡る。だが『大平原〔プレーリー〕』と題されたフェニモア・クーパー〔アメリカの作家、一七八九—一八五一〕の作品こそが、プレーリーを小説の中心人物に仕立てた。これは一八二七年に出版され、きわめて早くヨーロッパで翻訳され、フランスでの翻訳はとくに大成功を収めた。

この小説は、十九世紀半ばに破壊が始まる前のプレーリーを紹介している。フェニモア・クーパーは、「はてしない大海原」に似た「縁のない砂漠」のようにプレーリーをかたちづくっている草の波を描写する。「完全なる孤独の荘厳さ」と沈黙の荘厳さが示される。これら「青々とした牧草地」の見かけの単一性は、実際には草の多様性に由来する。プレーリーでは、窪地のイネ科植物は丈が高い。そこで厚い層をなしているので、人間は人の目から逃れることができる。危険な場合はそこに潜り込み、頭を突っ込むことができる。「レッド・スキン」たちはというと、足音以外の物音をかき消すこの厚く静かな草の下を這う技をもつ。この草は羽毛の寝床と同じくらい柔らかな層を与えてくれる。

火災が定期的にプレーリーを騒がしい火の海に変える。「[火が迫っているのに]もしわたしたちがここにとどまるなら、蜂の巣を煙でいぶそうと燃やしたワラの周りに散らばっているミツバチのようになるだろう」、とフェニモア・クーパーの小説の主人公である毛皮専門猟師が請けあう。「もう炎の音が聞こえるだろう、わたしは経験から知っているが、プレーリーの草に一度火がついたら、火よりも速く走る俊足を持たねばならない」。そしてそれは不可能だ、と猟師は認める。

プレーリーの青々とした波は森のあらゆる攻撃を退ける。この波は、プレーリーのために見張り番の役目を果たしているかのような、大きな殻斗《かくと》のついたナラの木の存在によってしか遮られることはない。鳥と、とくに、勢いよく駆け抜けるバイソンがプレーリーに生息する。そこに住む人間というのは、グレートプレーンズの部族とは異なる部族を形成する。デラウェア族とポーニー族という、英雄的な死が「部族民の至福のプレーリーへと導いてくれる(32)」と信じる勇ましい戦士たちでである。

プレーリーは歴史の一部をなす。その破壊は十九世紀の半ばから始まる。この敗れた戦いはそれ以降、ジョン・ミューア〔アメリカの作家、一八三八―一九一四〕や、のちにはアルド・レオポルド〔アメリカの生態学者、一八八七―一九四八〕といった、環境に対する高い意識をもった先駆者たちに郷愁を呼びおこす。レオポルドはウィスコンシン州に住み、二十世紀前半のあいだ、プレーリーの変遷に関して長期にわたる活発な調査を行った。プレーリーの消滅の過程を考察し、分析したのだ。

先住民との闘いのなか、バイソンが激減し始める一方で、プレーリーは農場や柵に覆われた。プレーリーの未来にとってより深刻だったのは、その領域がニュージャージー州やニューヨーク州を介してヨーロッパからもたらされた「悪い草」によって侵略されたことだ。とりわけ藁ぶき屋根に用いられるスズメムギが問題だった。アルド・レオポルドが罵り、細かく描写した草である。スズメムギは「密生し、それぞれの茎にはちくちくする毛をもった穂があり(33)」、黄色くて燃えやすい。バイソンも牛も食すことができない。

同じ時期プレーリーは、森の拡大を妨げてくれる大昔からの仲間、つまり火を奪われることになった。一八五〇年から一八六〇年のあいだは火災が起こらなかった。当時子どもだったジョン・ミューアは、若々しい森の誕生を目にすることができた。森は、彼が住んでいるマルケット地域の古いプレーリーを覆い始めた(34)。数年のうちに、プレーリーのイネ科植物や大きな殻斗をもつナラの木が、一斉に消滅した。アルド・レオポルドが次のように描写した〈ドラバ〉のような、希少で脆弱な、極小の植物種は言うまでもない。「色は白としか言えない」、「あまりに小さいので」誰も食さない。「かつて詩人に詠われたためしはない［…］」。取るに足りない存在――まさに、おのれの仕事に邁進する小さな植物である」。

以降、プレーリーの痕跡を保護する計画が芽生える。アルド・レオポルドはこれに尽力し、まずはニューメキシコ州に最初の「野生環境保護区域」を設け、次に数年間ウィスコンシン州で活動する。彼は毎年七月に、失われたプレーリーを追悼する。彼はある日、かつての植生をごくわずかに残しているウィスコンシン州の小さな墓地のなかで、取り残された――そしておそらく地域で唯一の――この地域を数百ヘクタールにわたり覆っていたツキヌキオグルマの痕跡を発見する。アルド・レオポルドはこの避けがたい死を、「プレーリー時代の終焉」を記す物語の喪失のように惜しみ、いたしかたのないこの消滅を「自生植物滅亡」の最終話として受けとめる。アメリカのこの壮大さのなかで、「植物の変遷が歴史の流れを導いたのだ(35)」。

本書の終章では、プレーリーへの郷愁がどれほど野生環境の称揚を呼びおこし、その保護、修復を促したかが再確認される。そのすべてはプレーリーの破壊という重要な出来事の経過とそれにかかわる欲求である。

第5章

草、一時の避難所

ジュール・バスチアン=ルパージュ《干し草》（1877　オルセー美術館）

休息の場

草は一時の避難場所であり、ルネ・シャールによれば「孤独のひじ掛け」である。[1] 草は休息へと誘い、「肉体の重みに疲れた体を迎え入れる」[2]。フランシス・ポンジュは牧場について「清潔で緑でみずみずしい。準備の完了した、整った寝床。寝床。褥」と書き[3]、ドゥニーズ・ル・ダンテックは、「田園らしさをもち、牧草地的、みずみずしく、草は〈植生〉の寝床であり、熟睡はしないが、そこに身を投げ出してうとうとするところ」[4]、とつけ加える。

草のなかに座ること、横たわることは、どの時代にもたえず称えられてきた歓び、あるいは必須の逗留である。ルクレチウスは紀元前一世紀に最初の人間とかれらの歓びを想像する。

よって、柔らかい草の上、小川のほとりで、大きな木の陰に仲間うちで横になって、体によいことをするのは大して高くつくものではなかった。とくに朗らかな天気のとき、青々とした草を花々が彩る季節には。そこには遊びや会話、穏やかに弾ける笑いがあった[…][5]。

創世記は創造された人間の目覚めを描く。その情景、より正確にはミルトンやビュフォンによって想像された情景では、アダムの最初の感覚は自分が草の上にいることと結びつけられている。[6]

座っていようと横になっていようと、草の上で休むことは、テオクリトス〔古代ギリシアの詩人、紀元前三一〇―二五〇頃〕以来、紀元四世紀と三世紀において「心地よい場所」(locus amœnus) の描写のきわめて重要な要素である。これはウェルギリウスの『牧歌』第三歌に見いだせる。

パライモンは命ずる、歌いなさい、柔らかい草に座るわたしたちの前で、
すべての畑が緑になるのだから、と。

メナルクの方は、『牧歌』第五歌で尋ねる。

では〔…〕
ここに座りませんか、草のなか、ニレに囲まれて。

さらに進んだ箇所では、亡くなったダフニスに呼びかける。

聖なる詩人よ、おまえの歌はわたしには
疲れた体で、草のなかでぐっすり眠るのと同じくらい心地よい。

コリドンはこれを認め、「眠りよりも心地よい柔らかな草[7]」を褒めたたえる。ウェルギリウスが『農耕詩』で描く動物についても同様である。それらの動物は、気がかりによって目覚めへと急かされることの決してない芝生の寝床で眠りに入る。

頻繁に引用されてきたのは、プラトンの『パイドロス』によって伝わるソクラテスの歓びである。ソクラテスが、アテネを出たところ、イリソス川のほとりで、芝生の勾配に生えている一本の見事な木を見つけたときのことだ。その木陰のおかげでソクラテスは座り、弟子たちと議論できるようになる。古代ギリシアでは、初期のアカデメイアや初期のリュケイオンは屋外にあり、草の上に座って学んでいた。緑の絨毯は元来、友人どうしや、師と弟子のあいだの討論に向いているということだ[8]。

中世の果樹園のなかにある中庭——小さな牧場——は緑の盛り土に囲まれた芝生のようなものだが、そこに座って心安らぐ風景を楽しむことができる。十四世紀にギヨーム・ド・ロリスがこの場所を描写している。「澄んだ清流に沿ってびっしりと細かい草が芽を出していた。それを寝台にして愛する女性を横たえることもできるほど、地面は心地よく柔らかかった[9]」。

草と田園文学がそれからどう結びつくかについては詳しく後述することにして、ここでサンナザーロ〔イタリアの詩人、一四五八頃—一五三〇〕の『アルカディア』第五歌に飛びこむのがよいだろう。この作品でサンナザーロは、丘の上に到着した牧人たちの話を伝える。「陽はまだあまり高くない。わたしたちは緑の草の上に散らばって座った」。第七歌では、牧人のシンチェーロが、草地での滞在には健康によい効果があるとみなす。「辛く暗い考えよ、逃れたまえ。［…］わたしは野原の明るい歓びを求めたいのだ。柔らかい草の上で心地よい眠りを味わいながら」、と彼は声を上げる。(10)さらに、ロンサールが十六世紀に、芝生の上で座ったり横になったりする愉しみを褒めたたえて、どのように繰り返しているかを強調しておきたい。ロンサールは打ち明ける。宮廷にいるよりも好きなのは、

さまざまな色が織り込まれた美しい牧場を見ること、
さざめく小川のおしゃべりを聞くこと、
緑の若葉の上で眠ることだ。

ヒバリの歌への讃歌でロンサールは書く。

草の上に横になるとき、
そばにおまえの歌声が聞こえる［…］

そして第九頌歌ではロンサールはベルリの泉に語りかける。

夏、わたしはおまえの草の上で
眠る、あるいは休む、そこで詩を書く。(11)

以上の例が実際の行動を直接実証するものでないのはたしかだが、これらの表現からは、詩的な企図の奥に、かなり現実味を帯びたしぐさがかいまみえる。ロマン主義詩人のライトモチーフであるこのテーマについてはあらためて触れよう。

十九世紀の初頭、ノヴァーリスの『青い花』において主人公は、かれを虜にした「青い花」を見つけることを目指す。目覚めたとき、彼は目的を果たして恍惚としているが、「気づくと［…］、空中に湧き出しては消えていくような水源のほとりの、柔な芝生の上に横たわっていた」(12)。

数世紀にわたって描写され、表現されてきた、草に触れて休息する方法を、より明確に考察しよう。まず、十五世紀末、絵画において、また版画においてより頻繁に繰り返された草のベンチが重要な位置を占める。たとえばマルティン・ショーンガウアー〔ドイツの画家、一四五〇頃—九一〕は《幼子イエスを抱く聖母》を、生垣の前に置かれた草のベンチの上に描いている。

《バッタのいる聖家族》（一四九五年頃）〔デューラー作〕も同様に、芝生のベンチの上に座った人物たちを表す。牧神に襲われる女性を主題とする版画《乱暴者》においても、同じようなベンチが描かれている。最後に、《三匹の兎のいる聖家族》（一四九七）では、こちらでもまた、聖母は草のベンチに腰掛けている。

この種の椅子は中世の閉じた庭（ホルトゥス・コンクルスス）に適している。閉じた庭で聖母は、ときにこのような草のベンチに座り、多くの植物に取り囲まれている。『失楽園』で、アダムとイヴが大天使ラファエルを迎えるとき、「かれらの机は、苔の椅子を備えた、高く密生した芝であった」とミルトンは書く(13)。

十八世紀、ロマン主義の庭では、休息へと誘い、あちらこちらで観照を促すこれらのベンチに遭遇する。この時代、リベルタン小説の作家たちは、このような緑の腰掛けの存在を用いる。ドミニック・ヴィヴァン・ドゥノン〔フランスの画家、作家、外交官、一七四七―一八二五〕の『明日はない』（一七七七）において、語り手は愛人のT夫人と腕を組んで散歩をする。かれらが疲れたところに、「芝のベンチが現れる。態度を変えることなくそこに座る」。のちに、この情景の思い出が恋人たちの心をかき乱す。「わたしたちは芝のベンチの前を通った。無意識に、静かな感動とともにそこで休んだ(14)」。

座っているか、あるいは横たわっている状態で草の上に休むという主題は、その後あまりに頻出するライトモチーフになったため、期待される効果を区別する必要がある。自身のことを語る文章の枠組みで打ち明けられた思い出なのか、あるいは虚構の物語において描写された振る舞いなのか。いわばその解説として、ジョン・クーパー・ポウイスによって描かれた、ウルフ・ソレント――初め不安に駆られていた――の情動をみてみよう。

彼は草の上に横たわった［…］。そして長いあいだ自分の前にあるもやもやした闇を視線で探った［…］。あたかも彼が突然、秘密の扉のようなものから、広大でみずみずしい、沈黙のなかに生える植物でまるごとつくられた世界に入り込んだかのようだ。［…］密生し、濡れたその草の上に横になり、彼は緊張をほぐす安堵の深いため息をついた。彼の不安は和らいだだけではなく、呑みこまれた。大地に訪れた最初の黄昏の、原始の露のなかに消え失せた。人間や動物の体よりもずっと古いこの奇妙な植物体の曖昧な、流動的で混沌とした化学反応によって吸収されていた。(15)

草の上にとどまる姿勢の違いに戻ろう。ジャン＝ピエール・リシャールは、彼にとって「草の台」の魅力が何であるかを明確に述べた。それは薄い膜ではない。「草の台は適切な厚みのあるビロードをもっており、損失や摩耗を恐れずに享受することができる。そのなかに半ば沈み込むことができるだろうし、さらによいのはおそらく、反対に、草のビロードを自分のなかに埋め込み、自分と一体化させることだろう(16)」。

まず、草は休息に向いている。多くの中世の小説において、傷つき、動けなくなった、あるいは満身創痍の騎士を寝かせるのは草の絨毯の上である。かくして、『エレックとエニード』において、エレックが完全に打ちのめされた際、草と藤蔓には事欠かなかったので、彼の忠臣ギヴレは高く長い寝台を作らせた。エレックはそこに横たえられ、覆われた(17)。

十六世紀の叙事詩文学には、草のなかの休息という挿話が、当時牧歌的ジャンルにおいて語られたことと並行して存在している。アリオスト〔イタリアの詩人、一四七四―一五三三〕のアンジェリカ（第一歌）はバイエルン侯爵の天蓋を抜け出した。一昼夜さまよったのち、ようやく彼女は心地よい場所を見つける。「そよそよ流れるふたつの澄んだ小川に囲まれた、つねに柔らかで新しい草があるところ」。アンジェリカは儀仗馬を離れ「新鮮な草によって隙間なく縁どられた、澄んだ水の周りをぶらつきに行く」。それから、彼女の前に何もない空間が現れる。「そのなかには、柔らかな草が寝台をなしており、誰であれ近づいてくる者を休息へと誘う。姫君は真ん中に身を置く。そこで横たわり、眠りに落ちる[18]」。

草と休息との関連から逸れずに何世紀か下ることにしよう。ベルナルダン・ド・サン゠ピエール〔フランスの作家、一七三七―一八一四〕は寛容な理想郷を想像する。著作『自然の研究』の心を打つ一ページにおいて、彼は「恵まれない人々」を慰めるために施しを与えることを止め、公共の祝祭での慣習として行われているように、「下層民」の顔にパンを投げつけるのはやめるべきだと訴える。「そうではなく、同業団を考案し、発展させた人々の像の周りで、その同業団ごとに、下層民を草の上に座らせてパンを配るべきだろう[19]」。

アルフォンス・ドーデによって描かれた、野原にいる郡長は、苔の上に座ったあと草に肘をつき、立派な衣装の留め金を外す。郡役場の職員が郡長を見つけたときには、かれは「草のなかにうつ伏せになり、ボヘミアンのように乱れた格好をしていた[20]」。

休息をとるために牧草地に身を落ち着けたジャン・ジオノの『二番芽』の登場人物に、わたしたちはすでに軽く触れた。かれらをより詳しく見てみよう。パンチュルルとアルスュールは丈の高い草の上に座っている。「かれらは静けさのなかにいる。それがいい。これほど平らで広く、太陽と風にさらされた平野では、座っているときこそ落ち着いていられる。大地の熱さが腰に伝わってくる。草は、温度を保ち隠してくれる羊の皮のように周りを囲んでいる。［…］アルスュールはニンニクも食べる。［…］彼女の頭が草から出る。平野を［…］、いずこともなく跳ねていく草を眺める」[21]。

鎮静効果

草のなかに座ることは、ただの休息の姿勢ではない。この姿勢によって観照が可能になる。ジャン＝ジャック・ルソーに「目の愉しみ」をもたらし、穏やかで軽やかな印象を与えるのはこの姿勢である。この観照の姿勢のおかげでヘンリー・デイヴィッド・ソローは、彼が他の何よりも重んじている、自然との「長く静かな対話」を行うことができる。そしてワーズワースは自然における観照と鎮静に関して同じ姿勢を挙げる。

木の下、わたしが座っている陰になった緑の場所で
わたしの思考を鎮めようとしながら［…］

太陽は二時間で西へと傾き
銀の雲、輝く草、完全なる静寂とともに、
必要なだけの熱を送っていた［…］。

「郭公《かっこう》に」では、

草の上に横たわって
わたしはおまえの二重の鳴き声を聞く……
平原に横になろう
もっとおまえの声を聴くために。
おまえの声を聴いたなら
もう一度黄金時代が来るだろう。(22)

ジェラール・ド・ネルヴァルは『オドレット』において、ワーズワースが語った情動にかなり近いものをおぼえる。

素晴らしい夏が戻ってくるとき

わたしはひとりで森に入る。
広い草のなかに体を伸ばす、
この緑の経帷子《きょうかたびら》に埋もれて。
仰向けの頭の上を
チョウが一匹一匹、
詩や愛の想いのように
通り過ぎる。(23)

ジョージ・エリオットの小説『フロス河の水車場』では、成長したマギーは、幼少期には不安にかられた茜ヶ谷を、もはや怖れない。夏、草に覆われた窪みに腰を下ろせたときには、彼女は「沈黙の祭服に吊り下がったごく小さな鐘の音を聴くように、昆虫の羽音を聴いていた。あるいは、遠くの枝を通って差し込む陽の光が、野生のヒヤシンスの上に留まろうと逃げ去った空の青みを追いかけて、連れ戻そうとするような様子を眺めていた(24)」。

一七九三年七月三日、ラマルチーヌが描くジョスランは力なく横になり、乾かした干し草の匂いに囲まれて、花に満ちた丈の高い草のなかに全身が呑みこまれたように感じる。彼の静かな額でこめかみが脈打つ。

自らのうちにあまりに強い快感をおぼえ、
はかない時間をこれほど完全に忘れてしまい、
わたしの魂は、感覚をときに逃れ、
体から解き放たれ、もはや重みを感じない［…］。
この沈黙のなかで、あやされるがまま、
もはや生きている感覚も考える感覚ももたないでいるのが好ましい。

この姿勢がジョスランに「不滅の感覚」をもたらす[25]。
ごらんのように、休息する、観照する、さらに夢見る、これらは草の上にとどまることで可能になる。レオパルディは、彼によれば、苦痛を伴うかたちでそれを体験した。少なくとも『カンティ』ではそう描かれている。「アジアをさすらう牧人の夜の」歌では、牧人が羊の群れに語りかける。

おまえは、日陰で、草の上で横になっているとき、
穏やかで、満足している。
そしてこの状態で、悩みなく、
一年の大部分を過ごす。
同じように、わたしも日陰で、草の上に座る。

だが頭を埋めつくす悩みがやってくる。
棘が現れるから
わたしは座っても
場所を探し、静けさを見いだすのに苦労する。

『アスパシア』ではより穏やかに書く。「情熱と高貴なあやまちの欠けた人生が星のない冬の空だとするなら、草のなかで横柄に横になり、大地と海と空を観照しながら微笑むのは、死すべき運命に対して十分復讐することになるのだから[26]」。

草の上に座ること、または転がることで、自らの幸福や歓びを表現し、行儀作法の抑圧を逃れて居心地よく感じ、また官能的な恍惚に浸ることができる。ささいな例では、ギ・ド・モーパッサン〔フランスの作家、一八五〇—九三〕の『ボニファスおやじの罪』において、憲兵が、陽気な巡査部長の見ている前で、「溝の草の上に座って、はばかりなく身をよじらせて笑った[27]」。

ユイスマンス〔フランスの作家、一八四八—一九〇七〕の『停泊』では、主人公ジャックの、「魂をほぐしてくれる」土手の草の上に座っている姿がいくども言及される。ある日、ジャックはこの体勢に耐えられない。そこで「彼はうつ伏せに寝そべり、何も考えずに」、道に生える品種の「花をつまみ集めることに楽しみを見いだす」。彼は花の香りをかぎ、最初に放出されるいい香りとそれにつづく石油くさい匂いを分析する。最後に「心地よい脇の下の匂いをほのかにさせて、香りのエキスは遠ざかる」[28]。

草の上での活動

草の上に座って時を過ごす方法は他にもさまざまなものが考えられる。草の上に、考え事、読書、勉強、ときに執筆をしにいく。同時代の多くの若者と同様、『失われた時を求めて』の語り手は、コンブレーに滞在中、庭で読書をする。より変わっているのは、時代が下って、ジャック・レダが語る、もしくは提案する行為だ。詩集『近郊の美しさ』の最後の詩は「書かれた草」と題されている。レダにおいては、草の想像世界は詩的な企てに含まれるということだ。

レダは次のように書く。「わたしの手帖は草のなかに開かれ、夕陽が／ページにわたって草の影を伸ばす。／左から右に、震えながら影が書く／十行足らず、句切りも文字の縦棒もなく、[…]そして黒い草が、ある文章の単語の跡を残す／それをわたしは左から右へ甲斐なく読みあげていた……[29]」。

このようにレダは「ものとしての草」を、錯綜した構造をもつ「文章としての草」に変える。というのも、ジャン゠ピエール・リシャールによれば、レダにとって、どんなに小さな一本の草の周りにも[…]世界は調和をなすからだ。

より身近な例では、ひとりでの、あるいは多少とも愉快な仲間とのピクニックである。例が多すぎるので、十八世紀以前まで遡らずに、第一に社交性に属するこの行動、したがって、正確にはわたしたちの議論の対象に当たらないこの行動――祭事の草上の踊り同様――について簡単にみていくことにしよう。ヴォージュ山脈を越える際、ヴァランタン・ジャムレ゠デュヴァルとその仲間は、昼食にハムを食べようと芝生の絨毯の上で休憩する。(30) ゲーテはワイマールの近くでエッカーマンと散策しているとき、馬車を止めさせ、高地の「おいしい空気」のなかで昼食をとる。ふたりが数分散策するあいだ、馬車挽きのフリードリヒが勾配のある芝生に昼食を取り出して並べる。(31)『失われた時を求めて』の語り手が報告するように、メゼグリーズの方では、果物やパンやチョコレートといったおやつを食べるために、「水辺のアイリスのあいだにわたしたちは座っていた」。「わたしたちの足元に咲く花をかすめながら振動する」サン・ティレール教会の鐘が鳴るなか、「草の上で(32)」。

第二帝政期、ボート遊びをする人に付いていくグリゼット〔パリの若いお針子〕は、パリの高級カフェでの宴会よりも、水辺の、大きなヤナギの陰で行うピクニックを好む。これは当時流行していた野遊びの慣例である。そこでは、散策、まどろみ、ボート遊び、水浴、休憩、そしてピクニックを組み込んだ牧歌的で純朴な感性が繰り広げられる。ピクニックは、田園のかつてなかった社会的表象の要素となる。それは、家具の欠如と座った姿勢の不便によって強いられた新しい食習慣を確立する。要するに、洗練された素朴への回帰である。ミッシェル・マフェゾリ〔フランスの社会学者、一九四四―〕はそこにディオニュソス的なものへの回帰、つまり先述の、ルクレチウスによって示された、起源の無意識的記憶を見てとる。それは人間が大地の果実を分かち合い、一種の「〔古代ギリシアの〕保護[33]」、すなわち公共の歓待をともに生きていた時代の無意識的記憶である。アンリ・セアール〔フランスの作家、一八五一―一九二四〕が書くように、帰りにはいつも靴から草のもわっとした青臭さを匂わせることになる野遊びは、知っての通り、多くの絵画、写真、映画の発想源となった。現代では、草の上で過ごすことにほかの多くの活動が伴う。「美しい日曜日」の釣りはそのひとつである。女性たちは水辺の後方に座り、釣り人の夫を待ちながら編み物をしたり、芝生の上の敷物になっている挿絵入り新聞を読んだりする。

ジャン・ジオノは『二番芽』において、アルスュールは「腕いっぱいに布の束を抱えて草の方へ腰を落ち着けに行った」、と書く[34]。草と家事とを結びつける習慣はそれだけではない。二十世紀の初頭まで、洗濯の日は、乾かすため、また月光にさらして白くするために、洗濯場近くの牧場にシーツを広げていた。まったく異なる視点で、同じジオノの小説において、身ごもったアルスュールは自分たちの幸福を願う。彼女は未来の赤ん坊を思い描く。「この子とわたし、わたしたちは草のなかにいるでしょう。わたしはこの子を笑わせるために、草にお乳を跳ねかけるの」。夫のパンチュルルはそれを聞いて「歓びに顔を輝かせる」。「牧場のように、自らのうちに、また周りに沈黙がしっかりと深まるまで、彼はそうして進む」。『二番芽』は大いなる草の小説である。登場人物はつねに草の上か草のなかにおり、一方で、緑の多様な姿が描かれている。この作品では動物の欲求、人間の欲求と官能性とが草に結びつけられている。もちろん、小川のせせらぎとはほとんど恒常的なつながりをもち、二番芽のたしかな現れは緻密にほのめかされている。

ジオノに先行するが、もうひとつ、ユゴーの想像世界における草の体験に一時停止しよう。さしあたってライン河岸に沿ってなされた旅に範囲を定めよう。ユゴーが聴き、観照し、夢を見、内省し、思念を凝らすのはしばしば草の上に座っているときである。晩の河岸で、風が止み、「風とともに、疲れた通行人と会話をつづけて相手になってくれる草の、この穏やかな震えも止んだ」。ハイデルベルク〔ドイツ南西部〕の近くで、ヴィクトル・ユゴーは「目はほとんどずっと地面を見つめ、顔を小径に向けて下げ」一日じゅう歩いた。それから、「わたしは苔、すなわち緑のビロードに覆われた見事な椅子に腰を掛けた［…］」。もし風が、葉や草が黙すれば、もしこの場所がとても静かで人気がなければ、人の内部でたえずつぶやいているすべてのものを、自分のなかで黙らせる」と彼は書く[35]。別の箇所では、「フライブルク〔ドイツ南西部〕では、わたしは長らく、自分が座っていた四角い芝生を見下ろす広大な風景を忘れていた」と記す[36]。

草への欲求

多くの現代作家が草のなかに座ること、あるいは横になることがもたらす効能を繰り返した。フランシス・ポンジュによれば、牧場は自然の褥、寝床、ベッドサイド・マットであり、休息へと同時に希望へと誘う。見ているだけですでに、そこに横たわっているような気がする。鳥の鳴き声を聞くためには、「疲れた旅人のように、絹のような草のなかに横にならねばならない」、とギュスターヴ・ルーは命じる。[37] 別の分野、小説では、アンリ・ボスコが『ズボンをはいたロバ』において、コンスタンタンは草のなかにとどまることに魅せられた若者とされている。コンスタンタンは自分のなかに侵入してくる夜の存在に動揺する。「何度か［…］、知りたい欲求に駆られて、わたしは大地に向かって飛びかかり草のなかを長いあいだ転がり回った。突如わたしは草に嚙みつき、手を血まみれにし、口を泥土につけて、地球の乳を吸っていた」[38]。

足を滑らせ、気づいた時には湿った草のなかに転倒していたフランソワーズ・ルノーは、「わたしは馬鹿笑いに襲われた。直後、わたしは植物の根元に体を伸ばしたくなった」と書く。この欲求に身を任せ、彼女は草のなかに横たわる。「わたしを目一杯満たすこの歓びとともに、食いしん坊のヤギを酔わせるようにわたしを酔わせる樹脂、キノコ、潰れた草の香りとともに、いくらかの時間が過ぎた」[39]。

草に対する欲求へと導く明確な転換がある。動物においては自然なこの欲求が、久しく前から文学的な主題になっている。ラ・フォンテーヌのロバは自らの過ちを告白する。

［…］わたしはかすかに覚えています。
修道士たちの牧場を通りかかって
空腹と、好機、柔らかい草、そして思うに

なにやら悪魔のようなものに後押しされて、
この牧場から自分の舌の広さ分をかじってしまいました［…］。

アルフォンス・ドーデの有名な童話に先んじて、寓話詩人は「二匹のヤギ」を書く。

ヤギたちが草を食むやいなや、
とある自由の精神が
新天地を切り開くよう駆りたてる。
ヤギたちは人間がもっとも寄りつかない
放牧地へ向けて旅に出る［…］(40)。

誰もが、スガン氏のヤギをさいなむ、山で草を食みたいという抗し難い欲求を憶えている。行きたいと願っていたところに着いてみると、ヤギはそこに角を超える高さがある草を見つける。ドーデは書く。「なんていう草だ、風味が高く、上質で、縁がぎざぎざしている［…］そして花がまたなんと［…］、濃厚なエキスに満ちた野の花がまるで森のよう」。ヤギは酔い、寝そべり、傾斜に沿って転がり、ヤギを食わんと襲ってくるオオカミとの戦いの休止中にもなお欲求に駆られている。「食いしん坊のヤギは大急ぎでお気に入りの草をひと束食んで、そして口をいっぱいにして戦いに戻っていった」[41]。

だが文学においては、愚かさと結びついた草への欲求を象徴する動物はむしろロバである。〈ズボン〉のロバはもはや老いていたが、動物の威厳を備えた荘重なまなざしをしていた。アンリ・ボスコは書く。ロバの大きく陰鬱な瞳には「牧草地の柔らかな広がり、ロバの夢想をくすぐるウマゴヤシ、クローバー、アルファルファの精霊が思い出のように漂っているのが見える。[…] 鮮やかな色が瞳に映る。花開きかけたセージの照り返し、春のタイムの穏やかな紫、噛まれた根の血のような赤」[42]。

愚かさの象徴として、草を食むロバは、ローベルト・ムージルの『特性のない男』において意表を突く一ページの発想源となっている。あきれるほど愚かな人間であるシュトゥム将軍は、オーストリア゠ハンガリー帝国の英雄のひとりだが、書物を理解するという希望を抱いて図書館へ向かう。彼は図書館の近くでウルリッヒ、アルンハイム、ディオティーマとすれ違う[43]。そのとき、おそらく愚かさの意識から生じた眩暈に襲われて、ロバになる。

「敷石の隙間に草が生えていた。それは昨年の草で、雪中に寝かされた亡骸のように、はなはだみずみずしく見える。そもそも、数歩離れたアスファルト [...] が車によって磨かれているのを考えると、これらの石のあいだに草が生えていることはきわめて奇妙で困惑させるものだった。将軍は、この状況が引き延ばされるなら、みなの前でそこに身を投げ出して跪き、草を食べるだろうという、心をさいなむ妄想が自らのうちにふくらむのを感じた」[44]。

ここでは虚構にすぎないことを、詩人ジャック・レダは、草を食み、食べるという欲求に屈して実際に行う。レダは、ノルマンディーの牧場の濃い霧のなかで体験した冒険を打ち明ける。そのページはおそらく、草をめぐるあらゆる文学のうちでもっとも魅力的である。「今朝がた、気づいたら、大胆にも草を食んでいた。それは実際、ヨードと塩を多く含む風を受けて生えるため、質がよく濃厚で、密生した、食欲をそそる草だった。わたしは不意の衝動に、また体験したい欲求にしたがった」。このときレダは風味と質感を評価する。

おそらく、場所は荒涼としていた。どこからか飛散してきた可能性が高いが、この草には純粋で濃厚な風味、シブレットに似たような先端を除き、少々筋張った食感があった［…］。わたしが口に含んだ草はたしかに香りが高かったが、窓辺で栽培される文明化した薬味のような部分はまったくなかった［…］。その草はもっとはっきりしない、よってより開かれた味がし、空間の味、それより強く時間の味がした。時間というこの老いた齧り屋には、草が、あらゆるものの太古の存在のみを記憶にもち、足どりを合わせて付き添っている[45]。

だがさらに、草の間近にいる人を惹きつけるほかの情動がある。このような人は、うごめき、活動し、休息し、戦い、生き、死ぬひとつの世界をそこでじっと観察する。耳を傾ければ聞こえてくる、昆虫と草の微かな物音からなるこの沈黙を聴くことも忘れない。

第6章

小さな草の世界

アルブレヒト・デューラー《大きな草むら》
(1503　ウィーン、アルベルティーナ美術館)

昆虫の擬人化

ルネ・シャールは書く。

牧場の住人たちはわたしを魅了する。そのかよわく毒気のない美しさを、わたしはいくども詠いあげて飽くことがない。ノネズミ、モグラは草の幻想に惑う陰気な子どもたち。アシナシトカゲはガラスの息子。コオロギはだれよりも羊のように従う。バッタはかたかた音を立て洗濯物を数える。チョウは酩酊のふりで音のないしゃっくりをして花を苛立たせる。アリは大きな緑の広がりによって穏やかになる。そのすぐ上でツバメが流星に……草地よ、あなたは一日の収納箱だ。(1)

このような魅惑は、何世紀にもわたり長いあいだ共感されてきた。草は緑であるだけではない。草が包含する世界は、その多様性とあり方、生き方の全容が見渡しがたく、またその世界を構成するものどうしの関係も把握しにくい。この困難を前に多くの証言は、草の住人あるいは旅人のうちのひとりに焦点を絞っている。

だが、ミシュレの場合は異なる。緑のなかに埋もれたこの小さな世界のただなかで、無害な種と凶暴な種とを区別する。凶暴な種は、六月に無害な種のあとにつづいて現れ、生きた獲物を必要とする。ともあれこれらの昆虫は「仲間うちでいる」、とミシュレは付け加える。昆虫は閉じられた世界である。「それでもなお、羽の生えた世界の旋律は、闇と沈黙のはてしない世界のささやきをわたしたちに聞かせてくれる。この世界は人間の言葉を持たないが、あまたの無音の言語によって力強く表現するのだ(2)」。ミシュレの妻アテナイスの方は日記で、ミツバチやマルハナバチのような、早朝に起きてすぐに仕事に取りかかる種と、草の奥に生活を求める「陰鬱なサファイア」、つまり蜜袋をもつハチのなかでより重い種族とを対峙させる(3)。

田園詩が起こった当初から、小さな草の世界に住むものは存在感を示している。テオクリトス〔古代ギリシアの詩人、紀元前三一〇—二五〇〕は『牧歌』において、羊飼いラコンとヤギ飼いコマタスの歌合戦を伝える。作者はふたりをセミとスズメバチになぞらえる。ラコンは芝のなかでおしゃべりするバッタを、コマタスは鳥がさえずる場所でのミツバチの陽気な羽音を思わせる。さらには、『野原の詩神《ミューズ》』においてシミキダスが、フラシダモスとともに刈られたばかりのブドウの若枝の上に横になった時のことを思い出す。かれらの頭の上にはニレとポプラが繁っており、草のなかでは「黒いセミがわれがちに鳴いていた」。ヨナキウグイスとツグミが歌い、キジバトがさえずり、ミツバチがぶんぶんうなっていた(4)。

ウェルギリウスは『農耕詩』第四歌においてミツバチとその分封群および巣を詳細に描写し、感嘆を述べる。「これら小さなもののなかに、なんと大きな驚異があることか」。この世界では「統制、法、民衆の労働、王の意義」が称賛される。[5] ミツバチはスミレを好む、ミツバチは芝の恋人である。だが春、ミツバチは闘う。

十七世紀、ラ・フォンテーヌはいくつもの寓話詩で小さな草の世界を描き、その特徴を分析する。この選択は無論、いくらかの親近感、観察の鋭さとその歓びを明かしており、例は「セミとアリ」にとどまらない。働き者のアリは「蝿とアリ」にも現れる。アリは自身の境遇を、勤労のゆえに、宮殿に繁く出入りしている蝿の境遇よりも優れているとみなす。アリは「わたしは憂いなく生きるだろう」と確信する。別の寓話詩では、ハトによって投げ込まれた一本の草のおかげで溺死から助けられたアリが、その後猟師に狙われたハトが犠牲にならぬよう救う。さらに、仲違いしたスズメバチと蝿が、口論を裁定してくれるようアリの巣を訪れる。寓話の教訓のために用いられたこのたえまない擬人主義は、その後の世紀では姿を消し、自律的な仕方で、それ自体において観察される小さな草の世界の表現へと移り変わる。

昆虫そのものへのまなざし

十八世紀末以降、草世界との出会いが深化する。それはウェルテルの感受性を構成する要素のひとつである。苦悩をもたらす時代を描きつつ、そのとき自然の観照がもたらしてくれた歓びを語る。「何百万もの羽虫の分封群が太陽の最後の赤い光線のなかで陽気に踊っているのを」見ていたとき、

「その陽のまなざしが最後の身震いによって、羽音を鳴らすコガネムシを解放し、草から外に飛び立たせるのを」見ていたときのことである。これらすべてが、「自然を生かす、激しくも神聖なこの内なる生命」を待ち構え、地面に注意を向けるよう呼びかけていた。ウェルテルは思い返す。「そのすべてを自分の心に招き入れていたようだ(6)」。

ジョン・キーツは街に飽き、「草の波」に避難場所を見いだした。そして「決してやまない大地の詩」の要素であるバッタとコオロギの言語を聴くことに専心する。

[…] 声がひとつ駆ける
刈られたばかりの草のなか、生垣のあいだを——
バッタの声。
バッタは夏の横溢を率先して、
やむことなく楽しんでいた。遊び飽きたときは
感じのよいむら草の下に休む。

冬、「草の丘」での彼の歌は、家に聞こえてくるコオロギの歌に重なる。この草の根の詩情は継続する。キーツは「夏の晩にさざめく羽虫の溜まり場」となった麝香《じゃこう》バラを描く。では最後に、次のような描写の詩句二行を引用しよう。「生垣のコオロギ」が歌うあいだ、

小川の柳のあいだで
泣いている羽虫の憂いに満ちた合唱。(7)

ラマルチーヌは、おそらく誰よりも頻繁に小さな草の世界に立ち戻る。この世界は彼にとって無限を意味する。一七九四年五月六日、ジョスランは丈の高い草のなかで行った散策を語り、いくつかの種類の昆虫がうごめく様子を記す。

わたしたちの膝元から羽の生えた雲が上がっていった。
それは虫、チョウ、漂う蝿の群れ。
生きたエーテルによって層をかたちづくるように見える。
柱状に、浮かび上がる渦になって持ちあがり、
空間を埋めつくし、一瞬わたしたちは互いに顔が見えなくなった。
[…]
虫はとどろく、水の上、牧場の上、干し草の上に。
これら生命の埃は向こうの方に落ちようとしていた。
[…]

かれらがその震えによって息づかせていた空気はまさしく旋律であり、うなりであった。

極小世界の拡大

この渦の描写にとどまってはならない。昆虫の強い存在感はラマルチーヌにとってある意味を帯びている。この沸き立ちは神の息吹に対応するのだ。それは『天空における無限』に合致する。ラマルチーヌは最初、『詩的宗教的調和』において次のように書いている。

わたしはこの草を上から見ていた。比較してわたしは虫を軽んじ、自分が優れていると思っていた。

だが神への想いがこの態度を改めさせる。

それからわたしの乾いた視線は下の方へ向く。
すると足元に花咲く芝が見え、
踏んでいる草の下からぶんぶんと音が聞こえる。

畝ごとに発するこれら生き物の流れ
それは神の息吹によって活気づく原子だ。
［…］
これらの存在を完全なものにするにはわずかの時間で十分である。
浮かんでいる渦が落ちては再び生まれる。
［…］
この命はどこから来るのだろうか、どこから生まれうるのだろうか、
夜明けの光が灯るまなざしからでなければ。
［…］
草の下でうなれ、はかない虫たちよ。
上空で、またわれわれのいる深みで、称えよう
あなたたちははかなさによって、われわれはあなたたちの偉大さによって。(8)

下にあるものの偉大さと小ささの作用は、ひとつの無限状態にある草の世界を提示する。ヴィクトル・ユゴーにとっては、この世界は一本の草と星との対話に類する。
ソローにとって、このような小さな草の世界の讃歌は、彼が芝のなかで虫のうなりに出会ったときに感じるものと一致する。「今年初めて耳にするコオロギの歌がわたしに届いてきて、他のこと

すべてを忘れさせる」、と一八五三年五月の日記に記す。「芝のなかでこのコオロギの鳴き声を聞くとき、世界はたいしたものではないようにわたしたちには思われる（一八五三年六月）」。翌年、再び五月、「コオロギの歌は、あらゆる一時的な気がかりを超越しているゆえに、完全なる叡智を、決して時代遅れにならない叡智を示す。春の渇望と夏の熱気とに結びついた、秋の新鮮さと成熟をそなえた叡智。コオロギは鳥に向かって、『あなたたちは気まぐれな子どものように話しますね。あなたたちの歌には自然がよく表現されていますが、わたしたちの歌には叡智が培われています』、と言う［…］」。「このように草の根元に隠れている永遠のコオロギは歌う。かれらの住まいを持ちあげようとしても無駄だ。コオロギのいるところが空なのだから。五月でも十一月でもいつも変わらず賢明で静謐なその歌は、散文のように堅実である。コオロギは朝露以外の葡萄酒は飲まない。その歌は、孵化の時期を過ぎれば口をつぐむような、はかない愛の歌ではない。コオロギが賛美するのは神の栄光と神の歓びである」[9]。ミシェル・グランジェ〔ソロー研究者〕は同様の視点から、ソローは蚊の羽音のうちに何かしら宇宙的なものを感じていると主張する。草のもうひとりの住人に対してソローはまったく異なる口調を用いる。ソロー特有のユーモアで書く。「こんなにもせわしなくぶんぶんいいながら飛んでいるミツバチに対してわたしは尋ねたい、自分のしていることがわかっているのか、と[10]」。

これまでの章でみてきたことから考えれば、当然ながら、「崇高なものは下にある」とみなすヴィクトル・ユゴーは、小さな草の世界に無関心ではいられなかったであろう。ユゴーは『静観詩集』

および書簡において、この小さな世界をもうひとつの世界とまったく同じくらい大きいと認識している。しかし、草のなかでうごめくものを観察するや、ユゴーはまったく異なる性質のふたつの感情に襲われる。まず、この世界では、植物から動物へのたえまない空想的変貌が起こるとユゴーには思われる。一八三七年九月、次のように妻に書く。「一本の草が息を吹き返し、逃げる、トカゲだ。一本のアシが生き生きし、水を通って滑っていく、これはウナギ。[…] 色とりどりの粒子、これらに羽をつければ、羽虫だ。[…] 花が飛び立ってチョウになる」。ヴィクトル・ユゴーは一連の変貌のイメージを長々と展開する。(11) ヴィクトル・ユゴーが草の観照によっていだいた感情、すなわち、そこに繰り広げられる戦争の発見によって引きおこされた感情に関する別の一連の記述には、のちほどあらためて触れよう。

ピレネー山脈を旅するなかでイポリット・テーヌもまた、草にいる虫に接近し、虫を拡大する視野を取り入れる。だがテーヌは、それが子どもの頃の遊びを思い出させるゆえに、楽しみの範囲で行う。輝く丈の高い草のなかに横になると、「芝の茂みを乗り越えようとし、茎の迷路を上ったり降りたりする虫の歩み」をたどることができる。さらに先では、「石に沿って大きな蠅の体を引きずっていくアリの行列を前に一時間過ごした」、とテーヌは打ち明ける。(12)

モーパッサンもまた、若い時代、小さな草の世界をじっと眺めることに夢中になっていた。花を冠した長い茎の上には「あらゆる色彩、あらゆる形状の、ずんぐりした、あるいはほっそりした、並はずれた構造をもつ虫がいた。おぞましい極小の怪物がしずしずと草の登攀を行い、茎はかれらの重みでたわんでいた」[13]。泉の水が復活するとき、芝の下の一面に広がった虫が同じことをするのをエリゼ・ルクリュは観察する。「限りなく小さい世界」全体もまた、「目覚める」ために水の目覚めを待っていた。

この点について、物語の領域では、『ムーレ神父のあやまち』に登場するあのセルジュが思い出される。草地での楽しい時間の途中にアルビーヌが緑のカエルを獲って楽しむあいだ、セルジュは乾いた石を用いてコオロギを巣穴から出し、セミのお腹をくすぐって「歌うよう促」し、青、桃、黄色の虫を集めて袖の上を散歩させる[14]。

『二番芽』においてジオノはヘビの道のりを描写する。「小さな牧場に草の波がやって来た」。それは「細かく動きながら、新しい衣をまとい、来た道を去るヘビだった。ヘビは牧場の端まで来たとき振り返った。ヘビには体全体で潤った緑のなかを泳いでいくしかないのだ、とわかった」[15]。

いま一度、クーパー・ポウイスの登場人物ウルフ・ソレントをみてみよう。ガーダとクリスティというふたつの愛のあいだで揺れ動き、ソレントは選択決定を虫に委ねる。頭を膝に向けかがみこみ、ごく小さな甲虫が一本の草に沿ってよじ登り、茎が徐々にたわんでいくのをながめた。

「クリスティのためにガーダ［妻］と別れよう、この虫がこの茎の頂上に到達するなら［…］。それからさらに頭を深く下げたので、一本の草の上にいる甲虫が視界をほぼ埋めつくし、彼は狂気の果てまで行ったら何が起こるだろうかと想像し始めた」[16]。

容赦なき闘いの場

草を押しつぶすことについての知覚と、そこから生じる小さな世界の破壊は、本書が対象とする文献に何度も表わされている感覚である。ウェルテルは、自分の自然に対する感受性が一本の草にまで広がるときほど嬉しいことはなかった、と打ち明ける。そして、ウェルテルは草の上を歩くことを残念に思うようになる。というのも、「もっとも罪のない散策もあまたの気の毒なウジ虫の命を犠牲にし、きみのたったひと踏みがアリの苦労の作を破壊し、小さな世界を押しつぶして惨めな墓にしてしまうからだ(17)」。人間はそのようなとき、すべてを呑みつくすような怪物である。ミシェル・ドゥロン〔フランス文学研究者〕はこの一節を解説し、それが呈するとみなした重要性を主張する。十八世紀末、感じやすい魂がいだいた、草でうごめく虫をめぐる夢想および虫を押しつぶすことの悲嘆は、名もなき植物を救うことに腐心する博物学者や夢想家、神学者が以降虫に寄せる関心に対応している。一世紀の後、エリゼ・ルクリュが同様の関心と後悔を証言し、次のように書き記す。「わたしという重い塊を草の上に乗せるとき、わたしは極小の世界を破壊している(18)」。

だが、草の深みにある生命の悲劇、さらには恐怖がこの種の出来事に集約されるわけではない。ユゴーの想像世界において、一見生き物が人間よりも神に近しく生きている小さな草の世界もまた、「生成の情念」において展開する容赦ない戦争の舞台である。気づかれないまま行われる闘いだ。ヴィクトル・ユゴーは「これらすべての生き物の静かで調和した、ゆっくりとした継続的な仕事」と対照をなす、「草世界の小さな悲劇、虫と虫の闘い、アリの巣の大惨事」を挙げる。別のところでユゴーは、気の毒なことに濡れてしまった「黒と黄色のビロードをまとった」マルハナバチの運命を憐れむ。このハチは痛ましくも棘のある枝に沿って上っていった。羽虫の厚い大群が日差しを遮っていた。「一方、ミミズが、太古のニシキヘビに似て」小さな水たまりの近くで身をよじっている。[19]

フランソワーズ・シュネ〔フランス文学研究者〕は、ヴィクトル・ユゴーにとって、いまみたようないくつかの虫の不幸な運命だけでなく、恐ろしい草の戦争もまた重要であることを指摘する。[20] ユゴーは次のように書く。「春、丈の高い草のなかで、いったい誰がおぞましい悲劇を目にしないというのか。五月のコガネムシ、このかわいそうな醜い若虫が飛んで、ひらひら舞い、ぶんぶんうなった〔…〕。ある晩コガネムシは落ちる、八日生きたら、百歳なのだ〔…〕。突然、一本の草の陰から怪物がコガネムシに襲いかかる〔…〕。緑で紫の、輝く金色をした、華麗で敏捷なフンコロガシである。それは鉤爪をもった走る武装宝石細工だ。兜をかぶり、鎧をつけ、蹴爪を立て、装甲した戦争仕様の虫であり、つまり草の狼藉騎士なのだ[21]」。「ところが、陽のあたる部分では、草は緑で人間は穏やかである」。

この文章の解説者フランソワーズ・シュネは、ヴィクトル・ユゴーにとって人間は一本の草と同類であり、草地の悲劇は、大きなものであれ小さなものであれ、「ときに悲劇のかたちで――死として――、ときに牧歌的なかたちで」人間の運命とともにある、と解釈する。加えて言えば、ヴィクトル・ユゴーは『内なる声』において、黒い茸のような奇妙な怪物が草のなかにいること、『静観詩集』ではウェルギリウスに言及しつつ、黒い草のなかには立派な亡霊が住みついていることを主張する。

微小なもの、すなわちわたしたちが感受性の超極小の物語と呼びうるようなものへの関心は、本書を執筆する上での主旋律となっている。一本の草はしたがって、お気づきだろうが、本書の冒頭で引用されたギュスターヴ・フロベールの願いになんらかのかたちで呼応しながら、その存在感を強く示している。さしあたり、極小なものから離れ、これとはまったく異なるが、草の歴史を理解するために不可欠な、わたしたちの分析上きわめて重要な資料をめぐる息吹の源へと移ることにしよう。それは、すでに散発的に触れてきた、田園詩と、牧歌的なものに属するあらゆる情動である。

第7章

「眠りよりも穏やかな草」
（ルコント・ド・リール）

ジョルジョーネ《田園の奏楽》（1510–11　ルーブル美術館）

田園詩の変遷

いよいよ牧歌的な情動および田園詩へと、時代をはるかに遡るときがきた。すなわち、西洋の想像世界において根幹をなす、植物、水生世界、牧人と家畜の群れへと向かおう。

わたしたちが牧歌的と形容する情動および田園詩というジャンルは、一定の期間が経つとかたちを変えながら、何世紀にもわたって文学に存在している。マラルメにも、ポール・ヴァレリーの作品にも現れる。今日なお、この情動を懐かしむ痕跡が見いだされる。ここでの目的はそれらの痕跡の歴史をたどることではないため、時代の流れにおいて草の評価を決定づけたいくつかの決定的な要素を振り返るにとどめておこう。まず、ふたつのアルカディアとひとりの牧神、テオクリトスによる牧歌、ウェルギリウスの心地よい場所《ロクス・アモエヌス》と黄金時代へのノスタルジーが挙げられる。

アルカディアの想像世界が田園詩ジャンルの創出に先立つ。それは牧神に守られた、官能的でたくましい牧人たちの世界である。文化的虚構の空間、つまり、野性的であると同時に洗練された牧人たちの詩においてのみ存在する、想像上の社会である。なるほど、ふたつのアルカディアがあり、その姿は牧神パンに似ているのだが、パンは、葦笛の音楽によって和らげられているものの、半身半獣の生き物だ。[1] 片方はもじゃもじゃ、もう一方はすべすべ、一方は暗くもう一方は明るい、といった二元性は、さまざまな人間のタイプによって生み出される情動を理解するために必要不可欠である。[2] それは今日芝生を、草が自由奔放に生える庭に対置し、青藍色の緑をけばけばしい緑に対置し、文明性および調和の理想を、無法状態へ導く自由に対置する考え方の礎となる二元性である。草の上で夏の演奏会を開くことはアルカディア風な行いである。それは田園の幸福感を表す情景だ。しかし本書の観点においては、原始的な野性の面も強調されるべきである。

獣性の象徴、多産の神、家畜の群れの保護者であるパン――ローマ神話においてはルペルクスとファウヌス〔森の神々〕に当たる――は、ヤギと交わる。「その毛で覆われた臀部と羊蹄形のひづめは彼本来の動物性を明かしている」、とサイモン・シャーマ〔イギリスの歴史家、美術史家〕は書く。[3] ドリオペとヘルメスのあいだの息子パンは、ヘルメスに自慰を教わったが、ニンフたちから好かれることは稀である。フィリップ・ボルジョー〔スイスの古代ギリシア研究者〕とジャック・ブロス〔フランスの博物学者〕はパンの人物像を定義しようと勤しんだ。パンの葦笛シュリンクスはその野性面を和らげる。パンはこの名前をもつニンフを追いかけたが、ニンフはパンに、葦に変えてくれるよう懇願した。この願いは叶えられた。そして彼はこの葦をパンの笛シュリンクスに変えたのだが、本書の観点では、この笛が植物から作られたことを指摘しておくのが重要である。パンは恐怖をもたらす。そこから、人気のないところで牧神とその動物的な性欲、その生成エネルギーにとり憑かれたと感じた人を襲う、抗しがたい突然の恐怖を指す「パニック」という言葉がつくられた。[4]

このようなアルカディアは、田園詩ジャンルの真の創始者であるテオクリトスが『牧歌』に描いた空間ではない。牧神パンに従う官能的で粗野な牧人たちは、〔テオクリトスの牧歌では〕シチリアやギリシアの島々、南イタリアの牧人に想を得た、いたずらな、垢抜けた趣味の洗練を反映する、家畜の群れの保護者になった。アラン・ブランシャール〔『牧歌』の編訳者〕は「それは人類の幼年時代、つまり街の虚飾なしの、ほんとうの情熱である」、と書く。[5] ここでは牧人たちは、神話に登場する牛飼いダフニスを範とする詩人であり音楽家である。かれらは虫がうなり、鳥がさえずる場所に暮らす。とはいえそこには牧神パンがおり、ニンフがあふれている。「こちらの、ひとしずくごとに落ちる水が冷たい。ここには芝があり、ごらんのような草の床があり、バッタがそこでおしゃべりをしている」、と牧人ラコンは「いい座り心地」と思いながら歌う。コマタスは彼に答える。

わたしの動物たちが、ヤギとして食料とするのはクローバーとウマゴヤシ。踏みつけるのはマスチック、横たわるのはセイヨウヤマモモの下。

自分たちのシュリンクスを奏でる『牧歌』の牧人は主要なテーマを扱う。愛、仕事、また、より本書の趣旨に沿ったテーマがある。メナルカスは「まさに春、まさに放牧、まさに乳〔…〕」、そして「羊たちよ、遠慮するな。草は柔らかいよ、たっぷりお食べ。草に事欠くことはないのだから。草はまた生える。それ、お食べ、お食べ」と歌う。[6]

古代ギリシア文学には、他にも草に対する感受性を示す証言がある。たとえばマルセル・プルーストは、ジョン・ラスキンの『アミアンの聖書』への序文において、ホメロスが『オデュッセイア』

第六歌で「青々とした牧草地の真ん中に澄んだ水が流れている、丈の高いポプラが生えた素晴らしい森」(7)を描いていると指摘する。

なおも重要な点は、テオクリトスが指摘する、ギリシアの牧歌からウェルギリウスの牧歌へとなされた変更、そして一世紀のラテン語詩において際立つ心地よい場所《ロクス・アモエヌス》の定式である。ところで、気をつけなければならないことがある。心地よい場所《ロクス・アモエヌス》とそこにある泉、芝、ミツバチ、木々、鳥は、実際にある場所の描写ではないことだ。それは思い描かれた表象である。そこにあるものは、「地上のどこかに現実に存在するものではなく、抽象とは言わないまでも単純化された表象である」、とイヴ・ボヌフォワは書く。それらは夢想がつくりだす場所にある。「うっとりするような思念」から生じた「険しい現実の否認」である。この場所に呼びおこされたものは事物であることをやめ、まずもって現存するものとなる。このように構想された木々や牧場は「より濃い緑をし、高原の朝露のなかにあるように輝く(8)」。

ウェルギリウスの『牧歌』から、わたしたちの主題に関係し、またこの点を明快に示す文章を引用するのは煩瑣であろう。短い例を引くにとどめておこう。「歌え」、とパレモンは叫ぶ。「柔らかな草の上に座っているあなたの前で／すべての野原が緑になり、すべての木が芽を吹く。／それこそが一年のうちでもっとも美しい時期だ(9)」。ホラチウスもまた、「そしていまや柔らかな草の上でシャリュモー〔木管楽器〕を奏でてかれらが歌う、／肥えた羊の番人たちが」と書いている(10)。

ルネサンスにおける心地よい場所《ロクス・アモエヌス》

ルネサンス期には、古代の心地よい場所《ロクス・アモエヌス》は改編を加えられると同時に称揚された。ヴェネツィアではすでに十五世紀末から、ローマでは一六〇〇年前後、古代の休暇《オチウム》のモデルが再出現したこととあいまって、心地よい場所《ロクス・アモエヌス》は郷愁を呼び起こした。このとき、とりわけ絵画の表象において、田園詩のすべての基本要素が、すなわち心地よい場所《ロクス・アモエヌス》と、キリスト教によって創られた地上の楽園が結びつく。この流れは、ジョルジョーネの《田園の奏楽》（**口絵3参照**）に典型的に表されており、それにティツィアーノの多くの作品がつづくのだが、[11]一五〇二年にヴェネツィアでサンナザーロの『アルカディア』が出版されたとき、文学において最高潮に達する。

以降、造形芸術において「自然の豊穣な美の現れ」[12]とみなされる裸婦が増加する。ニンフ、サチュロス、音楽を奏でる牧人は、田園を舞台に繰り広げられる愛の物語がふりまく官能性を絵画にもたらす。叙事詩と小説はこの流行を反映する。たとえば、タッソ〔イタリアの詩人、一五四四―九五〕の『エルサレム解放』におけるアルミーダの庭の歓びを描く場面では、「生い茂った牧場、澄んだ冷たい水」、「色とりどりのあまたの草」、「草のなかの」穏やかな眠り、と古代の紋切り型が再び用いられる。[13]すでに引用したアリオストの『狂えるオルランド』もまた、全体がこのような翻案となっている。

ここで、非常に強い影響力があったサンナザーロの作品『アルカディア』をふり返る必要が出てくる。それは実際、十六世紀にもっとも読まれた書物のひとつである。フランス語の最新版の序文を書いたイヴ・ボヌフォワによれば、田園詩は当時の詩をめぐる考察を集約している。この作品では牧場、森、ヤギが、もはや神話的な他の場ではなく、ようやく夢想から解放された、わずかながら自然な現実にいる登場人物のようだ。ごらんのように、この翻案されたアルカディアに関しては意見が異なり、作品の読み方は多様である。

なお、草の想像世界へとわたしたちを導くこの作品の文章をいくつか引用せねばなるまい。「序章」でサンナザーロは、「人間の精神にとって、緑の草に囲まれた泉が［…］、輝く大理石で造られ、金でまばゆいすべての泉よりも大きな魅力であることを疑う者」を糾弾する。[14] 早くも「田園詩」第一歌にアルカディアのとある場所が描かれる。「それは悦楽の広場である。配置のせいでそれより広くはできないためごく狭いが、細かな草にたっぷり覆われて、濃い緑色をしているので、陽気な羊が貪欲な歯でかじってしまわなければ、いつでも緑を見いだすことができるはずである［…］。そこで草が元気に大きく伸びないことは稀だ[15]」。「大地に草があり空に星があるかぎり［…］」、と「田園詩」第十歌には書かれている。あたかもユゴー的な対面がすでに示されているかのようである。[16]

フランスの詩人はただちにアルカディア人気の潮流に乗る。ロンサールは『牧歌』でそれを示している。それらは明らかにウェルギリウス風の「田園詩」や牧人の歌である。例をひとつにとどめておかねば冗長になるだろう。

雄牛は木陰に座り、安らかに牧草を反芻する、
ティテュルスの奏でる音のもと。
牧人たちは歌い、踊り、笛を吹く、
黄金時代が戻らんばかりに。(17)

オノレ・デュルフェの『アストレ』の冒頭に描かれているいくつかの情景にもまた、この潮流が明らかである。この作品は十七世紀初頭（一六〇七年と一六二八年）に絶大な人気を誇り、田園詩の再流行を後押しする。牧人たちは、溺死したと思われるセラドンを探すうち、草がまったく踏まれていない隠れ場所を見つける。緑の神殿の入り口手前に、「三方をくまなく森に囲まれた［…］小さな草地があったので、誰かがそこにいるとは気づかれなかった。美しい泉が［…］一方から蛇行してこの草地を潤し、おかげでみずみずしく密に茂った草がこの場所を非常に心地よくしていた」(18)。

植物の自由

一七六〇年以降、田園詩の熱狂がフランスを襲う。これは自然、とりわけ植物に自由を残したいという願望の表現に関連している。自然を矯正することは避けねばならないという。かくしてシャ

ンティイの小集落はニコラ・ル・カミュ・ド・メジエール〔フランスの建築家、建築理論家、一七二八―八九〕にとって新しいアルカディアのように思われる。「つねに緑色をした芝の絨毯のただなかに、藁ぶきの［…］七軒の家がつましく佇む」[19]。造園師たちにとっては、うららかな草原の素朴さを飾ることは粗野なことである。このとき植物の権利が訴えられる。「植物はそれぞれ、生まれ出ることによりその権利を享受する資格を保持する、自由政府のもとに生まれる国民と同様に」、とメーソン〔イギリスの詩人、一七二四―九七〕は書く[20]。

『百科全書』においては、「風景」の項目で、「田園風あるいは野原風の文体」は「英雄的文体」と対置される。前者において「自然は、牧人たちが家畜の群れとともにあり遠景が牧草地に広がっている、きわめて明快［…］なものとして示される」。ベルナルダン・ド・サン＝ピエールが『アルカディア』を発表し、サロモン・ゲスナー〔スイスの画家、詩人、一七三〇―八八〕の『田園詩』が、今日ではその規模が忘れられがちな、大きな影響を与えたのはこのときである。この作品の出版は実際、田園詩の歴史上ひとつの転換期をなしている。この田園生活の称揚者は、徳が高く頑丈で親切なスイスの牧人を描く。このアルカディアには完全な自由と穏やかな陽気さがいきわたっている。そこでは田園詩から引き継いだ紋切り型である、草上の休息が称揚される。この休息は平和、つまり心配事の忘却、そして情熱の沈黙および無垢な歓びの前触れである[21]。

動物のいる情景

古代の田園詩は十九世紀を通して――このとき消滅したと繰り返し言われているが――なお健在である。古代の田園詩できわめて盛んに称揚された動物の描写が引きおこした情動に関しては後述する。さしあたり、きわめて特徴的な一例を挙げるにとどめておこう。ルコント・ド・リールの『古代詩集』と題された詩集は全体がこの伝統に貫かれている。デュパルクによって音楽がつけられることになるフィディレの休息は、今日でもなお記憶に残っている。次のような詩句である。

みずみずしいポプラのもと、苔むした水流の斜面で［…］、
日向の草は柔らかい、
フィディレよ、休みなさい［…］。
クローバーとタイムのあたりで、白昼、
ふわふわとミツバチだけが歌っている。

そして「六月」と題された詩では、

牧場には濡れた緑の草の匂いがある［…］
芝生は調和のとれた声に満ち満ちている。

さらに一八六四年、「死すべき星々」では、

草と水から立ち昇る
混乱した親しみのあるざわめきの他は
あらゆるものが眠りにつく……[22]

ところでこの無意識的借用、さらにはこの郷愁は、近年、ヤギや羊、雄牛や雌牛の歓びを描く際により明確である。というのもいまでは、これらの動物にその番人の情動と同じような情動があるとみなすことに対して、懸念がないからである。

草のなかにいる動物の歓びと幸せは霊感の源である。この感覚は古代を通して、すなわちテオクリトスとウェルギリウスの作品において顕著である。これらの詩人のうち前者の『牧歌』第四歌において、シミキダスは春に恋するヤギを描き出し、その先では、夏の匂いが発せられる頃の、サギの歓びやヒバリとキジバト、ミツバチの幸せを表す歌が語られる。[23] ウェルギリウスもまた、『農耕詩』第四歌で、ミツバチの幸せと「色とりどりの牧場で穏やかに草を踏む[24]」見事な雌牛の幸せを詠う。

オリヴィエ・ド・セールは十七世紀初頭、ある状況における動物の幸せと歓びを書き留めている。たとえば牧人が羊の群れを三ヶ月にわたり山へ連れて行くとき、「空と草の変化」は動物によい効果をもたらし、動物は「陽気に」移動する。群れは「空気と水の新鮮さ、良質の牧草」に歓喜し「そこから楽しげに快活に戻ってくる」(25)。のちにミルトンは地上の楽園にいる動物の幸せを称賛した。十九世紀には、レオパルディが「幸せな緑」がもたらす鳥の幸福を語る。

本書の観点においてきわめて重要なことはなお、動物のいる情景、つまりヤギや羊、雄牛や雌牛とこれら動物が草と調和する情景から生じる関心、そして歓喜である。このような情景を前に足を止め、そのとき抱いた感動を表現しようと努めた作家は数多い。フィリップ・ジャコテは羊の群れが差しだす情景を描写する。それによってジャコテは深い省察に導かれる。ジャコテはまず羊と丈の高い草とのあいだにつくられる調和を指摘する。「何がこれほど完璧に、これら数頭の羊を丈の高い草に調和させるのだろうか[…]」と考える。さらに先で、このおとなしい、家畜化された動物のなかにいる幻影に気づく。「それはいつもヤコブが、またオデュッセウスが、鼻をつく動物の匂いのなかに姿を現し、わたしたちをじっと眺めようとするかのようである」。だがすぐに詩人は、「牧場の緑と金色のあいだには[…]むしろ[…]ひそひそと行われる一種の寄合[…]があるらしい」と言い直す。この羊たちは「みな一緒に『草』という言葉、『大地』、『放牧』という言葉をぼそぼそと小声でつぶやくことに勤しんでいるようだ。あるいは『無限の平和』か『至上の平和』かもしれない」(26)。

人間中心主義的な作品のなかを散策しよう。それらの書き手は古代の田園詩にいた動物が登場する情景に歓喜する。草のなかで陶酔するヤギのテーマは頻繁に登場する。これについてはすでに取りあげた。

もっとも多く繰り返される情景を提供するのは去勢牛、雌牛、未経産雌牛である。一七八八年、フォンターヌ〔フランスの詩人、一七五七―一八二一〕は、晩に農具から外されて牛小屋へ帰る去勢牛を描く。「牛たちの押し殺したようなうめき声が牧草地に漂う」[27]。まもなくヴィクトル・ユゴーが、同様にウェルギリウスに想を得て、『静観詩集』において「晩に膝まである草とともにうめく」赤毛牛を描く。牛への関心はユゴーにおいて頻繁に見られる。同じ作品で、野原にいる牛を称えている。その牛は

タイムを食む〔…〕。
地味で静かな野生の生き物
それは巨岩とも小さな花ともおしゃべりをし、
小谷や水を湛えた流れのあいだ、
まだ踏まれていない草に赤毛の鼻面を差しこむ[28]。

ヴィクトル・ユゴーは書簡や旅行記において、動物の群れの情景に向けられた関心を何度も振り返る。ショーフォンテーヌとヴェルヴィエ〔ベルギー東部の街〕のあいだで、うららかな天気のもと、

ユゴーは「三頭か四頭ずつまとまって、緑の牧場で優雅に横になり、木陰で休んでいる見事な未経産牛」をじっと眺めたと書く。[29] 同じ時期、ローザ・ボヌール、ジュール・デュプレ、ドーヴィニーはこのような情景の絵画による表現にたえず取り組んでいる。一八三七年、妻に宛てた手紙において、ヴィクトル・ユゴーはソンム川〔フランス北部〕の河岸で「草深く、物思いに沈む美しい雌牛がいる幸せな牧草地」を自慢する。「雌牛には大きなポプラの合間から太陽の熱線が落ちている」。[30]

しばらくのち、すでに見たように、ルコント・ド・リールは田園の動物をいくどとなく描いている。「ヒヤシンスに囲まれ」の情景に耳を傾けよう。

そこにいるのは草原と豊かな放牧地の王である。
ゆったりとした力に満ち、牧草地にわたって
うなり声を出しながら赤紫色の仲間を導き、
心ゆくまで牧場の緑に酔う。

王は満ち足りるまで草を食む。このとき木々のやわらかな陰が
王にヒヤシンスと苔の大きな床を整える。
そして、動かない川のそばで神のように横たわり、

王は安らかに反芻し、半ば目を閉じる。

ルコント・ド・リールは「六月」において、うなる雄牛を「血気盛んな牧草地の王」と表し、「南」では次のように描く。

遠からぬところに、何頭かの白い去勢牛が、草のなかに寝転がり
内なる夢想をたらたらと語りこぼし、決して終わらせることがない。[31]

一八五六年、ソローは彼が変哲のない日常の事物から得ている歓びを元に、驚くような企画を構想する。ソローは「丸一日牧場を行き来する雌牛を観察していられたら（一斉に同じ方向へ導かれ、ゆったりと進む雌牛の一群がそこにいる）、観察して雌牛が通る道を地図に丁寧に写しとっていられるなら、ヨーロッパやアジアへ赴いて他のものの行き来を記録するよりもいいだろう」、と書く。[32]

クーパー・ポウイスの『グラストンベリー・ロマンス』に描かれた、いとこどうしのメアリーとジョンは、小舟の周遊から戻ったとき、田園を目にする。「ときおり、角がなく、茶と白のドレスをまとい、頭を下げた、立派な乳房をしたノーフォーク〔イギリス東部〕の雌牛が数頭現れた。船が通るとき、雌牛たちは背景に魅惑的な受動性の雰囲気をもたらしていた。まるで放牧地の静けさと動物の荘厳さのなかに、なにかとても古い神の夢が具現化しているようだ[33]」。

二十世紀中葉、『特性のない男』ウルリッヒは、田園を散策し、感動をつらつらと述べる。ここでは「すべてがなんと単純になることか」、と彼は思った。「感情が鎮まり、思念が、荒天のあとの雲のように、互いにちぎれていく。そして突然魂がまっさらな美しい青空に戻るのだ。一頭の雌牛がいま、道端で、この空に向かってなんと光り輝いていることか。この出来事があまりに強烈で、世界に他のなにものも存在しないようだ[34]」。

一九五九年八月、わたしは似たような感動を覚えた。ある夏の日、早朝に起き、フランスでもっとも密度の高い牧場、つまりコタンタンの麓にある、ノルマンディーの丘の牧場に沿って四キロメートルほど走ったあと、私は友人が待つグランヴィルまで送ってくれるはずのバスを待った。牧場の柵に寄りかかっていたところ、一頭だけの雌牛が近づいてきた。十五分のあいだ、この重く静かな存在に私の全関心は引きつけられた。双方とも不動のまま、互いの視線が交わったときは決して忘れられない瞬間であった。

今日、ドミニク＝ルイーズ・ペルグランがいみじくも「軽妙かつ永遠の歓び[35]」と形容する田園詩は、しぶとく存続している。フィリップ・ジャコテはその影響を認め、とくに「失われ、再び見いだされたアルカディア」において、あらためて田園詩の存在を刻んでいる。ジャコテはここに、「そこにおいては自然と密に接することが、もっとも高次の、もっとも洗練された文化的形式と不可分であった」この神話的な場所への讃歌から始め、「楽園のイメージを創り出すことができた時代の魅力[36]」を鮮明に残していきたいという願望を表明している。

第８章

干し草刈りの匂い

——草の仕事とその情景——

ジュール・ブルトン《落穂を拾う女たちの召集》（1859　オルセー美術館）

牧草地の管理と作業

個人の私的な記録や文学において語られる、あるいは画家によって描かれるような、草にかかわる仕事の情景によって引きおこされる情動がある。大鎌、刈る仕草、干し草刈り、穀物倉への納め方は夢をかきたてた。干し草作りは草がたどる運命の一段階である。この仕事はたいていの場合集団的な行為であるため、厳密に言えば本書の対象にならないが、これを欠かすことはできない。少なくとも、この仕事の観察によって実際には参加していなかった人間の精神にどのようなものが生じたかを、手短に考察することはできるだろう。今日、干し草刈りの情景がほぼ消失したことが呼びおこす郷愁は、草の歴史の一部をなす。

干し草刈りの作業は、中世に著された文章や描かれた図像に豊富に登場する。「よい牧場」のイメージ、鮮やかに彩られた牧草地のイメージ、放牧地を構成する多様な草の列挙、これらが牧場を単なる餌の放牧地から（pratum を pascuum から）区別するのだが、さらに、草刈りの仕方、権力と騎士道と牧草地の関係など、その他多くの要素が中世のテクストに現れる。[1] そのあまりの豊かさから、十一世紀から十五世紀のノルマンディーにおける草と人間の関係史を研究する歴史家ダニエル・ピショは、「(当時) すべてが草をめぐって行われていたとは断言しないまでも、牧場や放牧地は人の生活を理解するために格好の観測地である」と結論づけるに至った。ピショは中世を通した牧場の重要性を見直すよう訴える。[2] またコリンヌ・ベックは、十四世紀および十五世紀、ソーヌ渓谷〔フランス東部〕の牧場では草刈り期が長く、「一番目の草」と二番芽のあいだに多くの刈り入れを行ったと主張する。すでに作業過程は「草を切断する」（刈り取り）、「干し草すべてを乾燥させ、かき集め、圧し固める」[3]、「塊に分ける」、そして「荷馬車で運ぶ」、「荷車で運ぶ」、であった。要するに、これらの作業は二十世紀半ばまでほとんど変化していない。また、どの時代でも、一日の労働でこなすことができるのは二ヘクタールの干し草と見積もられていた。

以上に加えて中世の文書には、草の力という、今日なお中央ピレネー地方に残る概念が登場する。この言葉は、いくつかの草、なかでも春の草があまりに強力なため、動物が、まだその力に対して十分抵抗力がないため病気になる、ということを指していた。[4]

人工牧草地が大量に現れるまで、草が生えた空間を管理する仕事はほとんど変化しなかった。牧場の「鎌通りがよい」ように低木を除き、モグラの巣を破壊すること、腐食して草の妨げにならないよう落ち葉を集めること、必要があれば灌漑を施し、牧場を通る小川によって牧場が最も適切な状態で潤うようにすること。たとえばオリヴィエ・ド・セールは一六〇〇年、牧草地の仕事、とくに、水流によってよく潤った、「干し草を最高に好ましい状態」にする牧草地の仕事を詳しく説明する。オリヴィエ・ド・セールによれば、「管理者」はまず、自分の土地の特質をよく知っていなければならない。実際、「動物が食欲旺盛に食べる新鮮なよい草が、質の悪い土地から豊富に生えることはない」。「水を撒き、石を取り除き、牧場と牧草地の雑草を巧みに除かねばならない」。「棘のある植物やイバラが育ち、藪が大きくなることや、石が残っていることで苦労しないように」。最後に、「モグラの出入りを禁ずる」ことを忘れてはならない。以上のことを、「苔や、盛り土の上に這う他の草」を除くよう注意しながら行うのだ。このためには、「洗濯用の灰」を撒き広げておくとよい(5)。

以後文学には、ここではいくつかの例によってそれをかいまみるだけだが、草にかかわる仕事の手順を説明する文章が多くみられる。だが、鑑賞者がどのように感じとったかを記す文章はきわめて稀である。いくつかの例を考察してみよう。ウサギ用の草を摘むことは、わたしたちの観点では見過ごしてはならない。わたしは別のところで、第二次世界大戦の占領下、ノルマンディーの牧草地でこの行動がもっていた重要性について述べた(6)。たとえば、アランソンからドンフロン〔ノルマンディー地方の街〕を結ぶバスの運転手は毎晩一時停止して、農婦が彼のために道の端に置いておくウサギ用の草が入った袋を積み込んでいた。子どものわたしには、ウサギ用の草は情動の宝庫であった。毎日小川のほとりへ、肥沃な放牧地のなか、ウサギの草を採りに行かねばならなかった。ちなみに、貧しい人々は、道に沿って生えたよりまばらな、より乾燥した草で我慢せざるを得なかった。ジョリス＝カルル・ユイスマンスの『停泊』という小説には、ノリーヌおばさんがラ・ルノディエール〔フランス西部の街〕の坂道にある草を目指した、と書かれている(7)。毎日ウサギに餌をやらねばならないからである。

当然ながら、草刈り人夫は草の仕事における主要人物である。ところで、草刈り人夫の動きは、仕事仲間にうまく溶け込むことによって身につくリズムと同じように、習得されるものだ。その正確さを身につけるのは難しい。結束や村人どうしの付き合いから生まれる良好な関係は、陽気であると同時に勤勉な雰囲気に結びついている。エメ・ブラン〔フランスの作家、一九〇八―九五〕が草刈りの仕事を書き表している。第一に、「石の上で鋼の歌が止む」――大鎌は研ぎ終えられた――そして「茎はきしみ、身を震わせ、長い青ざめた溜め息をもらしながら横になる」(8)。ジャン・ジオノは『喜びは永遠に残る』(一九三五)のなかで、「それはおよそ一本ごとの作業だった」、と書く。「あらゆる瞬間、ランドゥーレの全筋肉は、期待と力からくる感動に溢れている。彼は大鎌を放ち、引き留め、石の上を平らに通し、鎌の先を沈め、鎌を持ちあげ、再び放つ。ひと振りごとに新たな動作が要求された(9)」。

ギュスターヴ・ルーはこれをより詩的に表現する。「干し草刈りの前日、太陽が沈み」、草刈り人夫は「自分の鎌の刃をひと房の濡れた草で拭おう」と思う。その日になり、作業中の草刈り人夫に語りかけながら詩人は、「花咲くクローバーの香りが甘い息吹となって絹のようにおまえの露わな肩を撫でる」と述べる。その先では、「牧草地一面の咲ききった花がおまえの膝で砕け散る。おお荒々しく繊細な草刈り人夫よ、おまえに切られ、花は千々に乱れて落ちる。かつてわたしがかくも愛した濃色のセージ、マーガレット、名のない花々が。この水と嵐の青、それはまさにおまえのまなざしの色だ」。しかし「六月の毎日曜日、十時頃、一日が突如刈られた草に似る。あらゆる歓びはすでに干からび、茎は切られ、休息の退屈さは越えなければならない砂漠のようである」。草刈り人夫は作業をしていないとき、夢を見る。「立てかけた鎌の刃に爪を当て、花びらと匂いの雨のなかにたちすくみながら[10]」。

草刈りから得られる歓びに触れないような草に関する書物はない。たとえばセヴィニェ侯爵夫人の作中にあるような歓び、すなわち木製の熊手で成し遂げられる作業をたえず眺めている貴族の女性の感動である。侯爵夫人はそれを教育的に書いている。一六七一年に記すことには、「あなたに説明せねばなりません。干し草を乾燥させるというのは世界でもっとも素敵なことです。それは牧草地ではしゃぎながら干し草をひっくり返すことです。それさえ分かれば、干すことができます[11]」。

侯爵夫人の記述より正確にいうなら、朝露が消えたのち、前日に刈られた草は一日のうちに一度か二度ひっくり返される。翌日同じ作業を繰り返し、それから草の山をつくる。三日目、干し草になるものは取り込まれるか、中世の最中に狐のルナールが眠るのに選んだような、大まかな小山にまとめられる。

オリヴィエ・ド・セールは記念碑的な概論書において、これについてすべて明記している。それによれば「草刈りは遅れるよりも急いだ方がよい。少々青みがかった干し草を食べることは、熟しすぎた草に比べて家畜にとってより栄養豊富で、より食欲をそそり、より風味がよい、つまり牛に乳をつくらせるのにより優れているからだ」。牧草地を、「長いあいだ最初の草を刈らないでいたときよりも、二番芽と二回目の草を生やすのに適した」状態に保つことができるのだからなおさらである。気候が乾燥している場合、「鎌の作業を行う」一日前に草に水を撒いておかねばならない。湿っている方が草は「ずっと刈りやすく集めやすい」。雨が降った場合、「刈り取った干し草は、晴天が戻って空に面した部分が乾くまでは、動かさないのがよい」[12]。オリヴィエ・ド・セールは、「干し草が乾いていたら、すぐにいくつもの山にして積み」、それぞれの「地方」の習慣にしたがって「束ねる」、と付け加える。それからすばやく「秣置《まぐさ》き場」あるいは「干し草小屋」へと運ばねばならない。「地面の邪魔になり新しい草が生えるのを妨げてしまう恐れ」があるので、牧場に長時間干し草を置いたままにしてはならない。

「管理者」が屋根のついた秣置き場を所有していない場合は、干し草小屋を造るとよい。干し草小屋はしっかりと建てられたものであれば、草を乾燥状態で保存できる。それは「円形で、先は四角錐状」である。中心には「地面に深く埋め込まれた高く丈夫な竿」が通されている。そして干し草の山には「何本も重い石のついた縄」を張る[13]。これらの作業を終えたからといって、牧場や牧草地の草のことを忘れてはならない。二番芽と「次の干し草」を準備するためだ。「最後の干し草が立ち上がる」前に家畜が食んでしまうのを避けねばならない。そして、オリヴィエ・ド・セールは早くも一六〇〇年に、フランスでアルファルファと呼ばれ、プロヴァンス地方やラングドック地方でウマゴヤシと呼ばれるものに一章を割いている。この植物は年に五度か六度刈り取られる。

干し草の山

作業によって引きおこされるものとは別の情動に戻ろう。干し草刈りは、草が乾いて積みあげられるにしたがってますます朦朧とさせる匂いのなかで完成する。ネルヴァルはシルヴィとともにテーヴ川〔フランス北部〕沿いでした古代風の散歩を描きつつ、次のように回想する。「平原は刈り穂積みと干し草の山に覆われており、その匂いのためにわたしの頭は、かつて木の爽やかな香りでそうなったように、酔っていないのにくらくらした[14]」。

干し草の山とその匂いは実際、草刈りそのものよりも強烈な印象を与えるようだ。コレットは次のように書く。「六月、私の故郷で砂丘をなしている丸い干し草の山に月光が流れ落ちる時刻、刈り取られた牧草地のあいだを通れば、その匂いを嗅いであなたの心が開くのを感じるでしょう[15]」。ドゥニーズ・ル・ダンテックは干し草の匂いを分析する。「新鮮な草の青臭さをなくした」干し草は、「繊細で軽やかな、甘い香りを発する。それでいてくしゃみを誘うほど鼻を刺激するのだ[16]」。

それより一世紀以上前、ヘンリー・デイヴィッド・ソローは干し草が感じさせる聴覚、触覚、嗅覚、および保管所に積まれたあとで干し草がもたらす平穏を称えていた。一八五二年四月、『日記』にこう記す。「ベイカー農場の納屋に入り、ネズミが巣をつくっている乾いた干し草のなかに座った。嵐がうなっているあいだ、雨の届かないところで、かすかな音を立てる干し草のなかに座っていることは、乾いた平穏という説明しがたい感覚を、すなわち、雨が降る日の、干し草の山の静けさをもたらす。干し草のなかにはコオロギ一匹も動いておらず、穏やかで静かな思考のみがある。外にあるすべてのものが濡れて震えているのに、中はすべて乾いていて静かなのだ。ああ、どれほど多くの思考をいだくことができるだろう。干し草の立てるかさかさという音が静けさを感じさせる。深い寝床、そこに座り、そこで思考する、なんとも夢のような状況だ[17]」。

第9章

社会的地位を示す草

ジョルジュ・スーラ《グランド・ジャット島の日曜日の午後》
（1891　シカゴ・アート・インスティテュート）

花壇の秩序と従属

草のある場所は、仕事の空間としての、また田園詩、牧歌の舞台としての牧場や牧草地に限られない。これらの場所に対して芝生は、その維持の方法、そこでの身体の動き、象徴するもの、生じる情動の点で異なる領域を占めており、それゆえ「草」という実体は、これまでみてきたものとは違った様相を呈する。

「牧場の刈り込まれた緑の草以上に目を愉しませるものはない」、と十六世紀にフランシス・ベーコンは書いている。このことは、二十世紀終わりの数十年まで、全面的に承認されていた。では、手なずけられ、装飾に用いられ、動物の食糧や利益といったあらゆる目的から外れた草の歴史をみていこう。すなわち花壇と芝生の草や芝のことである。ドゥニーズ・ル・ダンテックはこれらの語が中世の最中に登場することを突きとめた。ル・ダンテックによれば、芝は十四世紀末、「短く細い草、およびそれによって覆われた表面」のことである。しかし芝〔gazon〕はときに、とくに詩においては、牧場さらに牧草地を指す。それより三世紀後にはより明確に、花壇、遊歩道、庭の勾配にある、草の生えた表面が芝と呼ばれるようになる。芝生〔pelouse〕という語の方はプロヴァンス地方に起源をもち、一五八二年に現れる。芝生は動物の毛並みを思わせる「短く、厚く、柔らかい」草に覆われた表面のことを指す。当時、芝生は貴族のものである。(1) ルネサンス期からすでに、芝生は社会的特権に不可欠であった。

一五四二年から花壇は、花と芝の区画が配置された、鑑賞用の庭の一部である。しばしば邸宅の正面に花壇が設けられる。花壇は色とりどりの花とよく刈り込まれた芝によって、きわめて高い称賛を受けるためにそこにある。所有者の大紋章がかたどられる場合がある。一六〇〇年、オリヴィエ・ド・セールは視覚と、ときに嗅覚を愉しませるように花壇と区画を配する方法をきめ細かく紹介する。次のように自身の構想を説明する。「本書では、花壇を装飾する際、花壇を美しくするため、草の性質を考慮しつつどのように草を用い、使うか、が示される。いくつもの鑑賞用の庭が称賛をもってこの王国に設けられるように」。要するに、歓喜、称賛、壮麗の概念によって、秩序立った配置の見せ物と王国の偉大さの喚起に結びついた情動の網が編まれている。草の服従は、この意味で、象徴的である。オリヴィエ・ド・セールにとっての模範は実際、王がフォンテーヌブローやサン＝ジェルマン＝アン＝レー、そのほかの邸宅に「整備〔服従〕」させたものである。

この観点では、自身「草原の領主」であるオリヴィエ・ド・セールによれば、きわめつけの傑作は「文字、標語、数字、大紋章、時計の文字盤によって、物語る草――草の言葉という概念を強調しよう――を見つめることで生じる」。「人間と動物の身ぶり」、「草と灌木でかたどられた建造物、船艦、舟その他の事物」の配置、そしてベンチや椅子の構成もある。オリヴィエ・ド・セールの説明には一連の見事な図版が添えられている。

このような傑作を実現したいと望む庭師には、いくつもの原則を守る義務がある。まず、「草の従属」が必要である。庭師にとってはなによりも、牧草地で植物が絡み合って生じるような草の混乱を制御することが重要である。庭師は、「過密状態が作庭に与えうる混乱を避けるため」、対称性をもたせて「草を整理し」、草を「互いに適切な距離を保つよう等間隔の列に」並べるのがよい。また、「いかなる悪質な草」も、あるいは単に計画に「含まれない草」が定着するのを防ぐため、「地肌の隙間が見えるくらい［…］草をきわめて短く保つ［…］」べきである。「地面と草の列が明瞭に見分けられ」なければならない。それによって作庭の秩序立てが判断されるのだ。

以上のことをなすには、細ひもの使用と頻繁な水撒きが必要である。草は、つねに緑色を保つために乾燥してはならない。庭師はいかなる植物に対しても「列から外れる」ことを「許して」はならない。「線をはみ出すすべての草」を刈り取り、「草が制限を超えて伸びた場合は」剪定せねばならない(2)。

一六〇〇年に定められたこの草の従属は、臣民に課せられる王への従属あるいは農奴に課せられる君主への従属になぞらえて、自然の制御、すべての混乱に対する恐怖、秩序と整列への欲求とともに、作庭の基盤をなすものである。のちにはこれに対して、徐々にだが、多少草の解放がみられた。

ジョルジュ・サンドの『コンシュエロ』の女性主人公は、少年ハイドンとともに古い小修道院にある花壇の前にたどり着き、恍惚とする。この花壇は彼女にとってエリュシオンの楽園〔神々に祝福された人間が死後の生をおくる場所〕のように思われる。「まるで芝を一本一本梳かしたようだった。

それほど芝はさらさらでまとまっていた。花々がとても密に咲いているので地面が見えないほどだった。そして円い花壇は巨大なかごに似ていた〔…〕。わたしは目が安らぐように思われる」、と長く歩いた一日のあとコンシュエロは高らかにいう。翌朝、「銀色に凍った芝から、大地が空に届こうと、かすかな愛の発露のなかで空と一体になろうと吐きかける希求の息のような、軽やかな蒸気が出ていた(3)」。コンシュエロは、花壇とその花や芝のなかに、音楽との関係を見いだす。

このような情動が、より一般的に、美や調和の、さらに儀礼のとある理想にかなうあらゆる貴族の芝生を、つまり自然の、あるいは人工の公園を整備する上で目指されるものである。

まもなく、イギリス風庭園の手入れが完璧にゆきとどいた芝が称賛される。さらに、テューダー朝時代〔一四八五―一六〇三〕にはすでに、よく刈られた都市の芝生が増加していた。その芝生では、木々に囲まれたグリーンの上で、球を用いた遊びをすることができた。「ボウリングリン」（ボウリング・グリーン）である。キース・トマスによれば、十七世紀、ステュアート朝時代には、これがイギリスの風景のもっとも特徴的な魅力のひとつになった(4)。

十八世紀のロマン主義的な庭園は、とくに貴族の理想をよく反映している。ジュリ〔『新エロイーズ』の主人公〕が、自分の庭園をめぐらせた際、サン＝プルーに向かって「ご存じのように、ここでは草はかなり乾燥していたのです」、と言う。「それがほら――果樹園について――いまではみずみずしく緑で、覆いをまとい、飾りをつけて、花が咲き、潤っています」。サン＝プルーは次のように友人に書く。「青々とした、短く密度の濃い芝が、イブキジャコウソウやミント、タイム、マヨラナやほかの香草と混じり合っていた。そこに野の花があまた輝いているのが見える。目はそのなかから、まわりの花と一緒に自然に伸びているような庭の花を見分けて驚くのだ」。澄んだ清らかなわき水が「草と花のあいだを」、ときに「気づかないほどの線になり、ときにより太い流れになって」巡る。大地から発する水が沸き立つ。こうして草は「つねに青々として美しい」。

しかし草には、ジュリの夫ヴォルマール氏が説明するように、別の効用がある。庭のいたるところ「すべてが青々とみずみずしく、たくましく、庭師の手はまったく見えない」。庭仕事の痕跡が消えるよう気を配る。「耕した地面全体に秣《まぐさ》の種を蒔かせる、するとまもなく草が庭仕事の跡を隠してくれる」。そして冬には肥料を撒いて草を蘇らせる。ヴォルマール氏によれば、ジュリの庭は「植物自身がそこにいて愉しい」場所である。植物種はそこで自分の権利を守っている。「列に並ばされた部分や平らにならされた部分がまったくないのがおわかりでしょう。この場所には細ひもの出番はありません。自然は細ひもを使って植物を植えたりはしないのです(5)」。

自由な草

一八〇〇年、ピエール゠アンリ・ヴァランシエンヌ〔フランスの風景画家、一七五〇―一八一九〕はより穏健である。彼はイギリスの構成された庭を評価しない。「あまりに均質であまりに短く刈り込まれているため草と認識できず、ビロードが広がっているのと見間違えるほどの芝の上に」、さまざまなものが「点在している。よってこの人工的で単調な芝生を歩くことは明白に禁止されている」[6]。植物種の権利が主張される時期に、今日に至るまで展開されている批判運動の礎を築いた点で、この文章は重要である。とはいえ、当時は概して、秩序と調和の感覚を呼びおこす芝生の趣向がひきつづき称えられていた。ウィリアム・コベット〔イギリスのジャーナリスト、一七六三―一八三五〕は一八一七年にアメリカ合衆国へ赴き、この地に草の整備が欠けていることを嘆く。大西洋の向こうには、「絨毯と同じくらい規則的に草が揃った、接待会場のように整然としたジェントルマンの庭園はない」、と書いている[7]。

十九世紀末、称賛されたと同時に批判された大公園が設置されてまもなく、ゾラとユイスマンスは芝生と花壇の象徴的な崩壊と、その崩壊が引き起こす逆説的な歓びを描き出す。『ムーレ神父のあやまち』で想像されるパラドゥーは、植物の完全な自由を取り戻す荒廃を基に築かれる。エデンの園への一時的な帰還は、この植物の勢力回復によって可能になる。ユイスマンスの作品では、同じ崩壊といってもその結果はより曖昧である。彼の作品においては、自然的なものの評価と人工的なものの評価が拮抗する点に留意したい。小説『停泊』の読者は、城の庭園の崩壊を惜しむべきか、あるいは、崩壊の原因となった植物の自由が感情をもたらしたのかどうか、判断がつかない。その感情は、植物がくまなく制御されていた時代に生じた感情とは異なり、おそらくより強烈である。

廃墟となった住居の戸口に立ち止まったジャックの前にあったのは、「タンポポの泡で沸き立つ広い中庭だった。タンポポは、砂利を這う、ごわつく繊毛に覆われた緑の葉の上にもつれている

[…]」。かつての花壇は「イラクサとキイチゴに覆われており、老いたバラの木が緑の山のなか、野生状態に帰った姿を現していた」。さらに「おそらく野原から飛んできたクローバー」とヒナゲシもあった。「ニガヨモギの茂みが、金の粒の香り高い雹によって雑草の羽飾りをたたいていた。ジャックは芝生の方へ歩いたが、苔に窒息させられて芝は枯れていた」。すべてが「植物の混雑」、「緑の噴出」だった。「茂みをまたいで」彼はゆっくりと「この草と木の無秩序」のなかを進もうとした。「花壇で育った花はすべて枯れていた[…]」、それはシバムギの侵入であり、農民的植生とドクムギの農民一揆であった。これらが、封建的植生と君主的花々の殺戮によって肥沃になった土壌を思いのままにしている」(8)。ここでユイスマンスは、まさに嬉々溌剌として、芝生や花壇、すなわち社会の身分的差異を示す要素の廃止を描き、また植物の象徴的な反乱を称賛するようにみえる。わたしたちは、十八世紀以降とぎれることのない、植物の自由の称揚という方向性に沿うことに重きをおいていた。いずれにせよ、十九世紀、とくに第二帝政以降、市街空間の草の運命を担うのは公園の芝生である。

公園と緑地

第二帝政下に設置された公園は、かつて並木道や遊歩道で繰り広げられた儀式的な散歩の新しい場所として構想される。それは社会的地位を示す、顕示の空間である。そこでは無為と平穏が活動性にまさる。目的のひとつは、公共の散歩道に新しいエリートの感性を反映するような枠組みを備えることなのだ。かれらは、制御され、絵になる自然、また道徳的・衛生的な意図にかなう自然を眺めることを望む。これについては後述する。

フランスの領土全体に配分された三十三の公園を調査したルイ＝ミシェル・ヌリ〔フランスの歴史家〕は、芝生は平均して公園の半分の面積を占める、と主張する。風景にかかわる芝生の役割は多様である。「芝生のおかげで、見応えのある空間の展示を演出することができ、植物の配置に余裕ができて見やすくなる。芝生は視界に統一感をもたらす。この緑の絨毯はまた、風景を構成するふたつの情景のつなぎ目である」。この点はリヨンのテット・ドール公園にとりわけ明快である。一一六ヘクタールの敷地は分割を避けられないが、そこで芝生は湖のように「つなぎ」の役割を果たす。ところどころの木立が、芝生一色が生み出す単調さを緩和してくれる(9)。

十九世紀末に電動芝刈り機が登場するまで、公園の芝生は定期的に刈られていた。多くの場所で一九三〇年代まで大鎌が用いられつづけていた。面積が狭い場合、早くも一八七〇年から、機械仕掛けの小さな芝刈り機が使用された。

ゾラが「牧草地の切れはし」と言い表したような牧草地は、きわめて濃い緑、深緑の、つまりヴィンセント・ヴァン・ゴッホがレモン色を帯びたヴェロネーゼの緑と書いた色をした、草の広がりのことである(10)。それは必然的に見ることへ向けられている。エマニュエル・ペルヌー〔フランスの美術史家〕は、ここで人は、緑の表面を感嘆して眺めるものとされている、と書く。絵画のように枠取りされた緑のうちに、「誰をも養うことのない草、つまり動物の助けなしに食まれたふりをしている草」を見つめるものとされているのだ、と。この装飾的な放牧地は、単彩画であるかのように、立ち入りを禁じられた表面である。さらにつづけて、子どもたちは「ほとんど無に等しいものの威厳へ導かれる。緑のしみひとつが、芸術として最高傑作の価値をもちうるのだ」。「公衆はここで、美術館でするように目で触れることを学ぶ[11]」。

このような空間では草はショーウィンドーに飾られている、とゾラは『小公園』においてすでに断言していた。公園の芝生は、芝生そのものにとっての隠遁の場である。子どもは芝生に入れない。制服を着た人々によって守られる。繰り返すが、このような規律は、自身の欲望に打ち克つことを学ぶためにある。「規律は克己と抑制の道徳に属する」、とエマニュエル・ペルヌーは確証する[12]。青々とした芝生はまた、自由な時間を管理し、人々を鎮めることに役立つ。しかし、十九世紀には、草に他の効用も期待された。公園の芝生は衛生面の目的に応える。結核に対抗する防御である。芝生の緑は「肺の緑」だ。とはいえ、人々の密かな交流の場にもなりえた。

当然、都市の公園の芝生は初めから少数派によって糾弾される。ランボーは愚かしい芝生を告発し、ゾラは芝生をめぐって一作品を書き、草に自由を返すことを熱望する。ゾラは、草が勝利し、大地の所有を取り戻したと想像する。「パリの小公園を百年間格子で締めきり、自然にその力強い活動をさせるがままにするなら、パリ市民はようやく、壁のなかに本当の草を見るだろう[13]」。この言葉は「動く庭」の信奉者ジル・クレマン〔フランスの造園家〕を歓ばせるであろう。だが、悲観的なゾラは次のように付け加える。「かれら［パリ市民］がすぐさまこれらの草を引き抜き、こぎれいな小さい芝、つまり育ちのよいビロードを植え、それで自分の庭を飾ることは確かである」。一九一〇年以降、「緑地」の概念が部分的に、枠取りされ守られた緑に取って代わる。

しかし、十九世紀後半には公園の芝生だけが存在したのではない。スーラの《グランド・ジャット島の日曜日の午後》（口絵6参照）をよく見れば十分である。草は、野遊びにおいて草にかかわる方法とも、また同時に、公園において草を服従させる方法とも異なる鑑賞方法のもとにおかれていることに気づくのだ。絵のなかに描かれた人物は、おそらく日曜日に集まり、はてしなく広がっているように見えるが、規制が撤廃された区域の、立ち入りを許された芝生を踏んでいる。短く刈られた芝は小径にも座る場所にもなる。芝生によって生み出された空間が牧歌的な舞台装置として表されているのか、あるいは「幸福のない怠惰」を、つまり退屈をもたらしているのかは、あまり明確ではない。この芝生の上で「人物は、他人の無関心にたいして無関心にみえる[14]」。

そこで、本質的な変化が起こる。以降「緑地」と名付けられたものの要素である芝生は、もはや風景の構成物としてではなく、休息の場としてとらえられる。第二帝政期中期、ブローニュの森にあるプレ・カトラン公園で、芝生の立ち入りが許可され、リヨンでは、広大なテット・ドール公園で、草の上を散歩すること、そこで遊ぶこと、ピクニックをすること、パリ地域の野遊びで実践されていたような「草上の昼食」を行うことが可能であった。

こうして二十世紀初頭、公園の主要な役割は、家族層の必要に応えることにある。家族層は遊戯用の整備を望み、絵になる風景よりも、以降立ち入りが許可された芝生でのくつろぎを求める。遊戯広場やさまざまな種類の運動場が増加する。要するに、これらにともなって、芝生と自由な空間の新しい社会的用途が生じたのである。

もうひとつ、もっと小さな芝生と花壇に触れていなかった。ブルジョワの邸宅の芝生と花壇である。人は、しばしば壁に枠取られた、この限られた緑の空間に、人目につくことなく読書や夢想をしに、稀に演奏をしにくる。肘掛け椅子や安楽椅子に腰を落ち着けることができる。このような閉鎖的な空間でこそ、若いプルーストは何時間も過ごした。少なくともジャン・サントゥイユに彼の投影を認めるのであれば。ジャン・サントゥイユは晴れた日、散歩をしないときは、外に出て安楽椅子に座っているのが好きである。「何度か、草の上に横になりもした。芝生は、全体に日が当たり、太陽に照らされて金色になり、黄金色になっているだけでなく、丸ごと太陽に侵入され、浸されて、寝すぎた女性が眠りに満たされているように、太陽に満たされていたが、太陽は、ときどき輝くばかりの草の先に姿を現わしていた」。「ハトがゆっくりとした足取りでこの金色の芝を踏み」、そして「太陽の光の裏側のような、黒い影を」芝生に投げかけていた(15)。

アメリカの芝生

北アメリカの郊外にある芝生を扱った書物は豊富にある。アングロ・サクソンの研究者がそれにきわめて高い重要性を認めているからだ。とくに第二次世界大戦後まもなく都市空間に普及したこれらの芝生の草は、白人中流階級の象徴である。ジャン・モテ〔フランスの映画研究者〕によれば、それは「中世のホルトゥス・コンクルススが標準化したかたち[16]」、ただし厳密な物質的境界や明確な宗教的参照のないかたちである。しかしながら、モテによれば、芝生への立ち入り禁止は、ヨーロッパの公園の芝を模して芝を神聖化するひとつのかたちとみなされる。このような芝のあり方はまた、わたしたちがたどった草の歴史を否定する。それは回顧的な傾向に対する防止策なのだ、とジャン・モテは加えていう[17]。アメリカの広大な空間の歴史に対して、フェニモア・クーパーのプレーリーの歴史に対して、郊外の芝生は近い環境、つまり家の周辺から出直すことを勧める。これらのことは日常と、家庭にかかわるものの台頭に結びついている。したがって緑の空間は、ここでは貴族の芝とはかけ離れたものだ。

「グリーン・カーペット[18]」は、それこそが問題なのだが、家の内側と外側を結合する。それは屋外のカーペットなのだ。テレビに等しい家庭の象徴として現れる。これにちなんで言えば、どの視聴者もテレビのシットコム〔シチュエーション・コメディ〕における芝生——そして庭師——の重要性に強い印象を受ける。郊外の芝生は、この領域において、無秩序と闘っていることの証明である。短くて柔らかく、まとまった草は、家庭的な雰囲気を予想させる。永続的な緑は永遠の若さの源として想像されうる。ギ・トルトザはこれを印刷機から出てくる塗色された壁紙と比較する[19]。それは、可能な限り、一年じゅう元のままに維持されるものであるから、暗に老化という強迫観念に対する答えなのだ。反対の視点から、サイモン・シャーマは北米の郊外の芝生に、亡霊化した牧草地によって住まわれた死の空間を見いだしている。

より控えめにいうなら、このような空間の維持は、まなざしに見つめる時間をほとんど与えない終わりなき闘いである。もし注意を怠れば、草はいつでも反抗する可能性があるため、植物の管理は不安をかきたてる。だからこそ「子どもをひと月に一度、バリカンをかけるために床屋へ連れて行くように、芝生と接するのだ」[20]。草はときに隣人どうしの対立の元になる。家主の評判はたしかに家の中の手入れにかかっているが、おそらく、よりいっそう芝生の手入れにかかっている。丈の高い草あるいは雑草が現れ、支配し始めたら悪夢である。ジャック・タチ〔フランスの映画監督、一九〇七―八二〕は映画『ぼくの伯父さん』に登場する近所の女性によって、これを愉快なかたちで表した。

ジャン・モテはさらに、北米郊外の道路、芝生、家という場所の組み込みに決定的な重要性を与える。家が置かれた緑の絨毯は、家が容易に移動しうると思わせる[21]。ホッパー〔アメリカの画家、一八八二―一九六七〕の絵画がときにそれを暗示する。

スポーツの脱自然化

スポーツにかかわる芝生は、多くの特徴から、北米郊外の芝生に類似する。それらを定義するキーワードは人工である。ジョルジュ・ヴィガレロ〔フランスの歴史学者、社会学者〕は、スポーツの実践において、自然の空間と事物が現実感を失ったこと、とくに牧草地の日常に属するものが放棄されたことを見事に描き出した。一八八〇年以降、「障害走〔生垣競争〕」で障害物の役割を果たしていた大きな枝ぶりが見放される。同時に、走り幅跳びは牧場を横切る小川の飛び越えを指すことはなくなる。この経過は他の多くのスポーツの歴史にもみられる。スキーの滑走では、モミの木のあいだで行われる競争の想像的世界が放棄されたことを考えるとよい。しかしながら、二十世紀初頭まで、スポーツ空間の非自然化と以前のあり方の継続とのあいだに、ある程度の隔たりが生じていた。最後に、いくつかの馬術競技はこのような経過を免れたことを強調しておく(22)。

ごく最近は、同様の経過によって草の存在が人工芝に代わられる傾向がある。知っての通り、このような植物の消滅は今日サッカー場で起こっている。要するに、牧場、芝生、牧草地を指すあらゆるものが、スポーツにおいて、とくにコート内で長距離を走る競技においてほぼ消滅した。市街の道路で行うマラソンや競歩も同じ消滅の傾向にある。「入隊前教育」の際、わたしが体験したように、憲兵がノルマンディーの牧草地で百メートルと一キロメートルを走らせた時代は遠ざかった(23)。

ゴルフの草の歴史はこれと異なり、より微妙で、より保守的である。ゴルフの草はまだわたしたちが言及していない情動を生み出す。この競技に必要な草の特質はさまざまである。シルヴィ・ネル〔フランスのイギリス文化史家〕は、コースを回る際の場面ごとに草の状態を要約する。ティー──出発地点──では草は短く刈り込まれているべきである。フェアウェイ──ティーとグリーンを結ぶ地帯——ではそれよりやや長い。ラフの周りはより丈が高く、より茂っている。最後のグリーンでは非常に短く刈り込まれている。ここでは可能なかぎり薄い状態の敷物をつくらねばならない。「草はそのとき、完璧なので、目に見えなくなる」、とシルヴィ・ネルは書く(24)。それぞれの地帯に異なる芝草が適合する。これらさまざまな草地の特質はプレイヤーと観客によって判断されるが、かれらは密度と刈り方を注意深く調べる。言いかえれば、他のいかなる草地でも、目がこれほど細心の注意を払って、ほぼ沈黙のうちに、草の特質を調査、測定、評価する義務を負うことはない。

この機に、シルヴィ・ネルは、わたしたちが考えないような草の機能を強調する。草は、みてきたようにしばしば社会的地位の指標であるが、イギリスの場合、植民地開拓の媒介役を果たしたという。イギリスの草による放牧は植民地における牧畜風景の輪郭づくりに大きく加担したようだ。ネルは最終的に、イギリスの草の輸出を、空間をつくりかえ、管理することを目的とした「地理上の暴力行為(25)」とみなす。南の国々に輸出されたゴルフの草は、同じ視点、すなわちエリートの経済力に結びついた、不平等主義を根拠とする帝国主義の地図を描くという同じ意図に含まれるだろう。

第10章

「緑の草に白大理石の足が二本輝く」
（ラマルチーヌ）

ピエール=オーギュスト・ルノワール《散歩》
（1870　J・ポール・ゲティ美術館）

草のなかの素足

歴史を通して、女性の魅力と草の結びつきは強固である。牧草地への女性の出現、そしてより根強く表される、草のなかにある素足の眺め、これらが古代以来夢想を誘ってきた。緑の空間をエロティックにするその素朴な方法に注目しよう。ここには、アルカディアにおいて牧神パンをニンフとの交わりにかきたてたような、極端にエロティックな官能性は現れない。そのような激しい欲望は次章にまわし、さしあたり牧歌的な側面、夢想と感嘆に絞って考察しよう。

これから本章で述べることは、紀元前七〇〇年頃に書かれたヘシオドスの『神統記』に基づく。クロノスは鉈を用いて父ウラノスの性器を切断した。大地から離れたところへ捨てられたこの不滅の肉片は、長いあいだ海の荒々しい波間を漂った。そこから出た白い泡のなかで娘が誕生した。娘はキプロス島の岸辺にたどり着く。「美しく神聖な女神が海から出る。気どらない足取りで、周りに草を生やしながら歩いていた」（強調筆者）[1]。父親の性器を囲んでいた泡からつくられたため、神々と人間はこの女神をアフロディテ——アフロはギリシア語で泡を指す——と呼ぶ。「生まれてからすぐ、エロスが彼女に付き添い、美しいイメロスがあとに従った」。以来「若い娘のおしゃべりや、ほほえみ、裏切り、快楽の歓び、やさしさ、甘美さ」はアフロディテに託されている。

わたしたちにとってきわめて重要な点は、ヘシオドスの文章において、女神が当時若い娘であり、エロスに付き添われ、その年齢を明確に特徴づけるすべての性質を備えていることだ。海から出るやいなやアフロディテは、そのしなやかな歩みから生えた草の上を歩く。若い女神の素足と草の反応の結びつきは、想像世界の歴史に影響を与えた。愛の感情の特権的な舞台として、植物の緑の広がりを定めたのだ。別の言い方をすれば、「草、言葉、愛は初めから結びついていた」、とドミニク＝ルイーズ・ペルグランは書く。さらに、ハデスがコレーを誘惑し、地下に連れて帰るのは、摘まれていたのは花だが、まさに草のなかであることを指摘する。それからコレーは、冥界で常に緑を保つ牧草地の女王、ペルセフォネになる(2)。

詩神《ミューズ》たちはパルナス山の草のなかで、しばしば裸足の姿で描かれる。アルカディアの白いニンフたちは、田園詩や牧歌で歌われるニンフであり、水、森だけではなく、牧草地とも密接な関係にある。ウェルギリウスの『牧歌』第二歌で、牧人コリドンはアレクシスを呼びとめる。

こちらへおいで、美しい子よ。[…]
蒼白のナーイアスが青白いスミレと
いくつかのスイセンと香りのよいウイキョウを合わせている。
彼女はおまえのために香草を、色合いを考えながら
心のこもった花束に編む(3)。

古代のあいだに語られた、草のなかの魅惑的な女性をすべて引用するのは冗長であろう。十四世紀以降、もっとも印象的な例は提喩に属する。女性の足先の露出には、それが草を踏む場合、しばしば男性の欲望が凝縮されている。ペトラルカの『カンツォニエーレ』からラファエル前派の絵画にまでみられるものだ。そこに処女性の魅力の象徴をみるべきだろうか。中世の騎士道精神と関係する可能性を問うのと同様、このような解釈はおそらく行き過ぎである。素足は慎ましい女性のうちで唯一目に触れることのできる素肌なのだ。

「透きとおる顔《かんばせ》のやさしい恋人よ」と、ニコレットの優美な体つきと抜けるような白さの思い出を賛美してオカッサンは叫ぶ。これは、細身の体、小さなかたい胸、金髪の巻き毛への暗示とともに、トゥルバドゥールの詩にふさわしい宮廷風言語である。この寓話歌において、感嘆の対象が脚と足先に集中していることは、のちにペトラルカが最高の称賛を与える対象を先んじて示している。リムーザン地方の重病の巡礼者は、ニコレットが引き裾を上げた際、その脚を目にしてたちまち癒える。わたしたちがまず注目するのは、ニコレットの白い足先が彼女の美しさの象徴になっており、ここに早くも提喩がみられることだ。彼女は歩きながら足指でヒナギクを踏み散らす。そしてヒナギクは脚、とくに足先と比較して黒く見える。それほど足先は白さで輝いているのだ。(4)

ダンテは、まちがいなくそれを思わせながら、明確には足の露出に言及しないが、『煉獄篇』第二十八歌で彼の前に現れた婦人を描写する。婦人は(ひとりでおり)「歌いながら、道全体を彩る花のうちからいくつか摘みながら、去ろうとしていた」。女性は、踊りながらその場で回転するように、「足をそろえて閉じ、[…]片方の足をもう片方より前に出すことはほとんどなく」、そうして朱色と黄色の花の上で、「恥じらいに満ちた目を下げる純潔の乙女のように」彼の方を振り返った……。(5) この出現を沈黙に付すことはできなかった。それほど『神曲』は詩人たちの魂に染み込んだのである。

ペトラルカ以降

繰り返しになるが、草のなかの女性の素足という執拗な観念は、なににもましてペトラルカの詩を特徴づける。『カンツォニエーレ』において、そうして女性に踏まれる草の登場回数があまりに多いため——少なくとも三十三回、そのうち注目すべきなのは十六回——いくつかの例を挙げるにとどめておこう。実際、この詩集できわめて重要なのは、ラウラの歩みと、草を歓ばせる彼女の足跡である。ラウラが通った場所に向かってペトラルカは、「わかっているだろう、大地はこれまで、おまえにすでにその跡を残した足ほど美しい足に触れられたことはなかった[…]」。わたしが摘むすべての草花、それらは彼女が習慣的に歩いていた地面に根を張っているのだと思っている」、と述べる。(6)

牧草地でのラウラの物腰を思い出してペトラルカは、「それ以来ここの草があまりに気に入ってしまい、他の場所では休息できない」と書く。(7) ソネット一六二番では、彼女のおとないを受けたものすべてを羨む。「わが婦人がいつも通るときに踏んでいく、陽気な花、質のよい幸せな草よ。あのやさしい言葉を聞き、あの美しい足の痕跡を残す草原よ[8]」。

ペトラルカは、彼を惹きつけたラウラの魅力を端的に表現する。「美しい足がみずみずしい草をわたってかわいらしく清らかな歩みを導くとき、足は、地面に柔らかい植物を生やしながら、周り一帯に花を開かせ、蘇生させる力をもっているように思われる[9]」。愛は草のなかにラウラが出現することで生じ、草はラウラの足を求め、いま一度ラウラが草を歓ばせる。「緑の草と無数の色をした花々が、この古く黒いセイヨウヒイラギガシの下に広がり、美しい足で自分たちを踏んでくれるよう、あるいは触れてくれるよう懇願する[10]」。

詩人の心は、散歩のあいだ、「いまや、あの美しい足が跡を残した草、そしてわたしが視線を注いだ草のある場所すべてを数えつづけている[11]」。ペトラルカの愛の物語は、非常に深い注意を向けている草への言及のうちに読むことができる。愛する人の死後、「草は寡婦であり、波は透明さを失った」、と彼はヴォクリューズ〔南仏〕へ帰った際に書く[12]。悲嘆のなかにも思い出はとどまり、それが「花咲く草の向こうで」ラウラが「物思いにふけって歩いている」のを夢に見させてくれる[13]。

草のなかのラウラの足へ注がれた関心を多少詳しく述べる必要があったのは、知っての通り、『カンツォニエーレ』が何世紀にもわたって哀歌の典型でありつづけたからである。その二世紀後、サンナザーロが『アルカディア』で「ペトラルカ風」になる。第四歌で彼は「きれいな道」をたどる女性を描き出す。「彼女は、とても繊細なつくりで、好ましいすらりとした体型をしており、白い手で花を摘みながら美しい芝のあいだを歩いていた……」[14]。

ロンサールは草花のなかの女性の素足が彼にもたらす幻惑を語る。花咲く牧場を歩くナーイアスの主題は『愛』、『頌歌』、『哀歌』に頻繁に現れる。そしてときにロンサールは「ペトラルカ風」になる。

〔かの婦人は〕歩くところどこでも
足元の地面を花で彩る。

『ペロ牧師への牧歌』において、宵を描き出してロンサールは書く。

たくさんのやさしいニンフとたくさんの美しい妖精たちがいる
一方は髪を束ね、もう一方は垂らして
森の住人が一晩じゅう、さざめく水の音に合わせ
足で草を踏んでいられるように。[15]

半世紀後、スキュデリー夫人〔フランスの作家、一六〇七―一七〇一〕が、同時代の人々に大きな反響を及ぼした『アルタメーヌまたはグラン・シリュス』において、わたしたちが注目するこの主題

を再び扱っている。シリュスはマンダネを探し求めて、牧草地の真ん中に半身を横たえている女性に気づく。彼女の出現は彼に「非常に特別な感情を引きおこす」。不幸にも、乗り越えられない急流が、シリュスと、彼が超自然的な「出現」もしくは「夢想」ではないかと疑うものとを隔てている。翌日浅瀬を見つけて彼は女性を見た場所へ行く。緑のなかに残された痕跡が重要な役割を果たす。この痕跡が彼の行動を導くのだ。シリュスは「事実この場所の草が踏まれていたこと、だれかがそこに座っていたようであり、この牧草地に新しく開かれた小径さえあることを見てとった。というのも、他のいたるところではすべての花とすべての草が、夏の晩のあいだ朝露がもたらすみずみずしさに満ちているのが見えるのに、この場所の草花は傾いており、だれかがそこを歩いたことがあまりに明白なので、疑う余地はなかった」。これを見たシリュスは「正気を失うかと思った」[16]。彼はこの小径を通っていくが、夜が更ける。そこで、彼はひとつの夢を思い出す。マンダネが牧草地にいるのを目にしたが、すぐに姿を消してしまったという夢である。そして驚く。シリュスは悲痛に沈む。

この逸話の解釈は複雑である。夢想は、朝露に濡れた花咲く牧草地に座った愛する人の出現を示したが、つぎに現実は、踏まれた草によって残された小径状の痕跡を示す。いずれにせよ、シリュスの心に極度の感情を引きおこすこの場面において、マンダネの足跡を残す花に彩られた牧草地という舞台は、見事にわたしたちの趣旨に合致する。すなわち、牧草地の女性、および潤った草にその足がつけた跡を見ることによって生じる強い衝撃を語ることである。

十八世紀（一七八六年）、ジョゼフ＝マリ・ロエゼル・ド・トレオガット（フランスの作家、一七五二―一八一二）は小説『ドルブルーズ』において、愛する女性の緑に埋もれた足の思い出が、彼女の死後、どのように官能的な淡い記憶の発作を起こさせるかを語る。恋人は「彼女が歩いた砂の上を、草の茂みがその魅力の衝撃を受けてしんなりと折れ伏した芝生の上を」進みながら感極まる。(17)

ロマン主義による継承

ロマン主義者たちは、草のなかにある女性の素足がもつ魅力を打ち切ったわけではない。それは驚くようなかたちでラマルチーヌの作品に戻ってくる。「哲学」と題された詩で、一貫してラマルチーヌは詩想をもたらす女性に語りかける。彼は「夢を見つつ、牧草地から牧草地へきみの足跡をたどる」つもりである、と言う。(18) 古典的な田園詩を踏襲した詩「愛の歌」では、詩人は恋人に対して打ち明ける。

きみが踏む草、
きみがその鮮やかな色を指の下に広げる
小花はなんと幸せだろう。(19)

別の箇所では、恋人は草の上にいる女性の足取りの軽さを、若い娘を描き出して称賛する。

高貴で軽やかに、彼女は戯れる、
そしてその歩みが踏む草は
真っ白な足の重みを受けて
たわむが、折れることはない[20]。

ジョスランは牧歌的な情景を不意にとらえる。羊飼いの男女のあいだに「自然な愛」が芽生える。この情景を彩る花々を列挙した後でラマルチーヌは、女性の素足の白さへの讃歌を詠い始める。

緑の草に白大理石の足が二本輝く[21]。

シェリーはマチルダとの出会いに関して、「オジギソウ」という詩において、「踏んでいる草に同情するような足をもっていた女性[22]」を描き出す。
ヴィクトル・ユゴーがこの女性像を用いたことは驚くにあたらない。『静観詩集』所収の詩「曙」において、ユゴーは生気をそがれた女性の姿を描く。

彼女は靴を履かず、髪を振り乱し、
裸足で、傾いだイグサのなかに座っていた［…］。

詩人が彼女を、野原を通るよう誘うと、

彼女は川岸の草で足を拭った。

より明確な例は、「愛」と題された詩で、女性の出現にともなって草のなかの足を示す場合である。

彼女の髪は金色で、瞳は黒かった。
真昼間、陽気に、一輪の花を腰につけ、
陽光の幻影となって通り過ぎていった。
歩くときはかわいらしく、笑うときは美しかった。
小さな足は草とひそひそ話をしているようだった。(23)

マラルメもまた「庭園にて」において、田園詩の伝統に範をとる。

芝生の上を歩く若い婦人が、
リンゴと色香に飾られた夏の前、
正午の時刻が満ちて十二を打つとき、
この最高潮にその美しい足を止め、
[…]そうして大地深くより出づる花は
沈黙と叡智と神秘によって彼女を愛する、
花の芯では純粋な花粉が夢想する。(24)

テニソンは、『モード』においてひとりの女性がたどった小径を描き出す際、「彼女の足が牧草地に触れた、そしてヒナギクはピンク色のまま残った」と書いたが、ラスキンはこれを引用したのち、同じ主題を発展させる。「ある女性について、彼女が足を置いてもその場所は壊れない、と言うだけでは不十分だ。彼女は蘇生させるのでなければならない。彼女が通るとき、ツリガネソウはたわむのではなく花を咲かせるはずである(25)」。

女性の出現

提喩および大理石のように白い足の魅惑とその軽さはさておき、草のなかにいる女性の影に注意を向けよう。女性の影は、とくに牧草地で脚が隠れ、ドレスが揺れ動くときには、出現〔超自然的な〕のように感じとられる。ジャン＝ピエール・リシャールはこれに関して、ジャック・レダの作品を解説する際、草は「女性の純粋な公現が生じる」場所であり、そこでは「地面すれすれにまさしく愛の幻想的情景が練りあげられる」、と強調する。すなわち、リシャールが「草の牧歌(26)」と呼ぶところのもの、イネ科の草が甘美な輪舞をなしながら、野原で活発に繰り広げるものである。

旧ブルボン公国に広がっていた驚異譚の伝統によれば、妖精たちは「露を払う」と信じられている。つまり、古代の田園詩に登場する詩神《ミューズ》やニンフに似て、妖精たちは牧場をめぐり、そよぐドレスによって植物の露を拭っていくのだという。それゆえ、露を除くことを意味する「露を払う」という語が生じた(27)。

ジョン・キーツの作品は、草の牧歌と妖精という伝統に含まれる。

美しい婦人が、妖精の子のように、
牧草地のなか、わたしの前に現れた、
髪が長く、ふわふわした様子で
目は虚ろに(28)。

ルコント・ド・リールは、彼の詩の典拠をみれば当然ながら、あやまたず、牧草地のなかに女性が公現するこの伝統を取りあげている。『古代詩集』の多くの詩がそれを証明するが、すべてを引用するのは煩瑣であろう。「テスティリス」と題された田園詩的な情景において、

緑のイグサが途切れるあたりで、沼のニンフたちが
胸を湿らせたまま、花の咲いた草を身につけ、
腕を絡ませて、牧草地で踊っている。(29)

アルチュール・ランボーは、女性の美しい足の下に咲く花を描いてもいるが、若書きのドゥエ詩帖において次のように書く。

十七歳、おまえは幸せだ。
ああ、大きな牧場よ。
恋する大きな平原よ。
もっと近くにおいで、と言ってくれ。(30)

草と若々しい幻想の関係を明示する別の例を挙げよう。同時代、ワーグナーのパルジファルを誘惑する花の乙女たちは、これまでみてきたものすべてに結びつけられるだろう。それはつまり、ラ

ファエル前派の画家たち、なかでもジョン・ウォーターハウス〔イギリスの画家、一八四九―一九一七〕が、まさに牧草地の素足と女性の姿が生み出す魔法を描いた作品を発表していた時代にみられるものだ。

草のなかの女性の出現という魅力に関して論じ終えるにあたり、ポール・ガデンヌの、すでに引用した小説『シロエ』の一ページに少しばかり目を留めよう。主人公シモンはバルコニーから光り輝く牧草地を見つめている。そのとき彼は「細い影〔…〕」が不意に現れるのを見る。「シモンは遠くから、丈の高い草のあいだをひらひらと行くドレスの軽い揺れを見分けていた。草は激しく興奮していた。生き生きと、なめらかで、すばやかった。人が歩くと草は足に絡みついて、手まで撫でにくるのだった〔…〕」。その若い娘は近づいてきていた」。太陽は「透明な物質を通るように彼女を通り抜け、輝く輪郭のみを残していき、それだけがなにかがいることを示していた」。アリアーヌは毎日このように、「彼女よりも丈高く伸び、草と花の外套で彼女を包む牧草地のひだのなかに」現れる。シモンにとって、アリアーヌの出現は「草のなかに消え失せ、溺れる、目に見えないそよ風」であった。(31)

官能の暴発なしに草のなかでなされる恋人たちの散策は、この女性の公現およびそれが招く夢想を引き継ぎ、またそれらに調和する。田園詩的な情景を離れることなく、このような、牧場や牧草地の草において成し遂げられる歩行の表現について考えてみよう。

ヴィクトル・ユゴーはいくどもこの愛の散策というかたちを取りあげるが、それはときに消しがたく記憶に刻まれている。『静観詩集』において、彼は「金星が輝くや、ふたりそろって、／微風がそよいで揺らす草を歩いていた」恋人たちの歓びを語る。[32]『レ・ミゼラブル』において、「日増しに香りを増す」茂みでコゼットとマリウスの恋が実るのは、生ある事物の神聖な努力がなんら妨げられることのない、丈の高い草に覆われた、「手入れのされていないみすぼらしい庭」でのことだ。[33]
ギ・ド・モーパッサンのある一ページは、その場面がロマン主義の伝統から引き継いだ感情的な田園詩よりも野遊びの精神に当てはまるとはいえ、本章にかかわる。中編「父」においてモーパッサンは、メゾン＝ラフィットの、セーヌ川沿いでなされる恋人たちの散策を描写する。「なま暖かい空気が体も心も弛緩させていた。川の上、葉や芝の上に日がたっぷり落ち、体内にも精神のなかにも明るい反射をおびただしく放っていた」。まさに幸福だった。昼食後、ルイーズは「ヒナギクを摘み、大きな野花の束を作っていた。彼の方は、草のなかに入ったばかりの若駒のようにほろ酔いで、口を大きく開けて歌っていた[34]」。
ジョン・クーパー・ポウイスはいくつもの小説で、自然の舞台と草の存在を恋愛感情の作用に強く結びつけた。ウルフ・ソレントはガーダと最初に平原を散歩したとき、一種の「神秘的な恐れ」にとらわれた。

傍にあるこの新しい神秘的な存在が、身体的な美しさという外側の覆いをまとって、彼をとりまくすべてのものを変化させていた。この存在は、いまや青々とした野原をわたってかれらふたりを連れていく魔法がかった散歩に、ごく小さな細部において、なにかしらを加えていた。小さなモグラ塚でさえもはや同じではなかった。スイバの赤みがかった若葉や牛の糞、深緑のイグサの茂みも異なっていた［…］。そして彼には、空の灰色と大地の緑がこの若い娘の無垢な美しさをいっそう引き立てるとすれば、彼女自身の本質はいまの時間、春の日暮れに、限りなく自分に似たものに満たされていると思われた［…］。この冷たい地表を、宙吊りの雨で曇った空と放たれた雨で霧がかった草のあいだを、かれらは手に手を取って進んでいた。男は、自分たちが地上のすべての人々の唯一の生き残りであるという気持ちでいた。

すでにみたように、かなりあとになって、ガーダと結婚してからのこと、ウルフ・ソレントは、クリスティのより控えめだがより繊細な魅力に強く惹かれるのを感じる。「クリスティは彼女のうちに、若い娘の心の神秘に関する彼の漠然とした考えをすべて凝縮していた。それらの考えは、小さな谷の緑の草に生えたサクラソウを摘むようにあちらこちらから集められ、彼にはなによりも大切なものだった(35)」。

第 11 章

草、すなわち「大いなる姦淫」の場（エミール・ゾラ）

エドゥアール・マネ《草上の昼食》（1863　オルセー美術館）

牧神のアルカディア

ヴィクトル・ユゴーは「緑の草のなかで、壮大な愛の熱狂[1]」を感じる。ゾラは、草それ自体が「繁殖する生命」の舞台であり、これによってパラドゥーが「大いなる姦淫[2]」の場になると考える。草のなかの歓びにはエロティックな動作と特別な興奮が伴う。ここで示すように、何人もの作家が、それらを切望し、あるいは自ら体験したのち、語ろうと努めてきた。

第一に、男性の欲求は草のなかに女性を見ることにより、まして女性の素肌が緑から浮きあがる場合はなおのこと、激しくかきたてられる。草の絨毯は、寝床とは異なる敷物なのである。大地の近さと草のみずみずしさに肌で直に触れること、露出した肌で輝く遮るもののない陽光、草地に生じるかすかな音の風景、歓びの叫びを発する自由が、これまでにない状況をつくりあげる。特性のない男ウルリッヒは、彼に身を任せようとソファで肌を一部出したクラリセを押しのけるが、それは「まるで草の上に横たわっているかのような[3]」姿だった、とムージルは書く。著者はこのように書くことで、草の想像世界に基づくこのポーズが引き起こしたはずの興奮を強調する。ジゼル・デストックは愛人のモーパッサンに宛てて次のように書く。

わたしはずっと、ある夏の日、野原の真ん中で丈の高い草に横になり、土の匂いと虫の立てる音に囲まれて抱き合うのを夢に見ていました。ほんとうに太陽と大地、風の一部になったような気がするはずです。これまでわたしの欲望を理解する男性にめぐり逢いませんでした。ですがギ、真の牧神であるあなた、わたしの感覚をわかってくれませんか。わたしが『禁じられた』欲望の伴侶であることを承知ではありませんか。(4)

愛を信じない、「決して身を任せない、［でも］歓びを味わう」と別の箇所で記しているこの手紙の書き手が、牧神のアルカディアをほのめかすことに驚きはない。「実はわたしは、皆がするように部屋で、ベッドで抱き合うのが嫌でした。それはひどく凡庸でブルジョワ的だと思うし、わたしの歓びをいっそう増してくれる叫び声を押し殺さねばなりません」、と彼女は付け加える。

屋外で男性に身を任せ、ゆだねること、そこで太陽のもと、丈の高い草のなかで勃起を確認することは、おそらく芝の上でそうするよりも、自然とのある親密さのかたち、すなわち自然との、合一というのでなければ調和をつくりだし、しばしば斬新な、欲望と歓喜のかたちをもたらす。さらに、目撃者が闖入する恐れからくる一抹のスリルや、山の牧草地にいるマーモットのような、体のすぐわきを通り抜ける動物の視線もある。部屋で感じられる歓びに比べ、直射日光や、相手がはっきり見えること、背中や膝で草の絨毯と直に触れることが、まったく異なる興奮をもたらす。ジャン・ジオノは、パンチュルルが草のなかで自分の隣にアルスュールが座っていると気づいたとき、アルスュールがパンチュルルを求める激しさを思い描く。「パンチュルルは裸で草のなかに横たわっていた。彼は言う。――温かい、触ってください……彼女は、彼が横たわっているところの草に触れる。――そうですね」。パンチュルルは彼女に、寒くない、いい草だ、と言う。「アルスュールは、草のなか、片側を月光に満たされている裸の彼を見ていた［…］」。彼女は干し草の束のようにその腕のなかで身を反らせ、草のなかに横になる」。しかしパンチュルルは当座、この草地でアルスュールをとらえた欲望には応えない。「おいで、家に行こう」、と彼は言う。(5)

十九世紀から二十世紀に、草のなかで感じられ、語られたこれらの歓びを支える想像世界の根源は複合的である。第一のモチーフは、これまで読んできたように、森や草地で戯れるニンフたちの抗いがたい白さを前にした牧神の情交である。この伝統を参照するのが、歌い、家畜を数える牧人を思い描くロンサールである。

そして陽光の温かさのなか、ナラの木の下、
わたしはあなたの膝枕で横になりたい。その周りには草が生え
美しい褥がわたしたちのためにあまたの多様な花を咲かせ、
ふたりはともに木陰で仰向けに横たわるだろう。(6)

三世紀のち、ヴィクトル・ユゴーもまた、古代の田園詩に立ち返っている。ライン川沿いの旅をめぐる物語においてビンゲン〔ドイツ西部の街〕を描き出し、「ここでは自然が、草の上に一糸まと

わず身を伸ばした美しいニンフのように笑っている」と書く。[7]

泣き虫の小さなコオロギたちよ、もしわたしが［…］
燦々と陽光のそそぐきみたちの牧場をもっていたら、
その葉陰の下に誰を隠すべきか、
濡れた葉のなか、夜がその手でそそぎこんだ真珠を誰といっしょに揺さぶるべきか、
わかっている

正午に、温まった空き地で、誰といっしょに眠りたいか［…］、
あまりにも巧妙なまなざしの、美しい女よ、きみにもそれはわかっている。[8]

この、ボードレール作とされる詩の引用は、たしかにそれほど明瞭ではないが、同じ想像世界の伝統に連なる。マラルメの方は、知っての通り、自然を愛で溢れさせる牧神を直接参照している。[9]

楽園の記憶

草のなかの愛の想像世界をほのめかす第二のモチーフは牧神にまつわるところはいっさいない。

ミルトンの『失楽園』では、神によって選ばれた、アダムとイヴの「恵まれた樹のゆりかご」と呼ばれるエデンの園の記憶である。月桂樹とギンバイカが陰をつくり、地面には「スミレ、サフラン、ヒヤシンスがある。花々と花綵《はなづな》、芳香を放つ草によって囲まれた一角に、妻イヴが初めて婚姻の床を飾り、天の合唱隊が祝婚歌を歌った」(10)。夜の夫婦愛への讃歌がつづく。

草のなかの欲望と歓喜の激しさを想像し、あるいは経験した人の頭には、おそらく強度は劣るものの、別の典拠が浮かんでくるかもしれない。それは十八世紀の恋愛小説に出てくるリベルタンの芝である。本書では、ヴィヴァン・ドゥノンの『明日はない』において、完全な歓喜をもたらす堕落への感動的な導入となる芝のベンチをすでに取りあげた。

ローズ＝マリー・ラグラーヴ〔社会学者〕によれば、二十世紀前半の農村小説の作家にとって、干し草刈りの作業は性的誇示のようなものである。大地はまるで発情期にあるかのようで、激しい情熱に貫かれ、欲望をそそり、「強い匂い」(11)を発していた、と彼女は書く。これらのことは男女間の禁令を解く。草の匂いは、干し草であれ藁であれ、屋外で愛撫されるように、さらには身をまかせるように娘たちをそそのかしていた。

草のなかの情交の、小説における描写へと移ろう。異なる六つのまなざしが、この行為によって引き起こされる情動の豊富さを裏づける。六つの文章は多産で多様な想像世界を明らかにする。それらは最近書かれたものだ。その理由は、少なくとも第三共和政〔一八七〇―一九四〇〕初頭まで効力をもっていた検閲を考慮に入れれば理解できるだろう。

『ムーレ神父のあやまち』において、ゾラは創世記のエデンの園の定式に従う。すでにみたように、情交、というよりあやまちは、草のなかの長い道のりによって準備される。草は、田園詩風恋愛の純真な始まりに律動を与え、性的な結びつきへと促す。これが第一段階、すなわち草に酔うことである。

このとき、エデンの園への参照はペトラルカの詩学と組み合わさる。散歩のあいだ、アルビーヌは若い神父の前で草を踏んで進む。草地のなかにある彼女の足先と、草上の素肌の脚が情交へと向かわせる。そうしてこれらすべてが、「草までも、［セルジュを］恍惚で満たす」。「それは性的問題である前に愛であった」、とゾラは書く。「かれらに最初の床として供された狭い芝はゆりかごの純真さをそなえていた」。それは『失楽園』におけるアダムとイヴの樹のゆりかごであった、と付け加えたくなりそうなところだ。しかし、セルジュの心では官能が増していく。彼は起きあがるとき、アルビーヌの体の「温もりを残していた草に顔を沈めた」。欲望の高まりの象徴である草はそのとき、地上の楽園でのように、誘惑の木に座をゆずる。つまり、肉体の結合の場で、「草から、恍惚の嗚咽がこぼれた」。

あやまちの後には、誘惑するアルビーヌがたぐりよせる、牧草地の小径の無垢な思い出がつづく。しかしセルジュにとって、以降、草はそこに横たわる者に対して害毒をもたらす。ゾラは、神父の心にとりわけ脅威となる、丈の高い草の幻想を働かせている。恐怖は、教会の入り口に生えた、有害な棘のある植物によって増幅する。この植物の存在は、建物の内側に侵入するようにみえる恐ろしい木の幻覚につながり、その前触れとなる。アルビーヌとセルジュの最後の散歩のあいだ、あやまちを犯す前はセルジュがそのなかに迷い込みたいと願っていた丈の高い草が、その後の彼には、「自分を、両腕両足を縛って転がし、このはてしない、緑の海の奥底に飲み込もうとする細腕のように見えるのだ」……そうしてセルジュは「足先が芝のなかに沈むのを感じ、見えなくなるだけで震えるのである」(12)。この小説では、草は無垢の象徴であると同時にしたたかな誘惑者、田園詩風恋愛の舞台であり、またあやまちの目撃者、罰の形象でもある。さらに、草と木のあいだに微妙な混同が生じている。

壮大な自然

多くの参照が含まれたこの物語に対置されるのは、ジャン・ジオノによる、自然の存在、とくに草の存在によって自ずともたらされる農村の欲望と情交の物語である。たとえば『二番芽』において、小川はそれ自体緑の色をしており、登場人物たちはほとんどつねに、動物的な欲望を生み出す草のなかにいる。『世界の歌』では、情交の場面は巧みに小説の終盤に組み込まれる。アントニオとクララは、手を取り合い、「丘の頂上で」「うねる草のなかに横たわった」。夜だった。クララは、すでに子をもうけたことがあり、過去を振り返る。そしてアントニオは「手を出し、もはや見えなくなったその顔に触れた。草越しに彼女に近づき、両腕で包んだ」。こののち『世界の歌』の最後の文がくる。アントニオは「クララを腕でとらえよう、大地の上で彼女と寝ようと考えていた」[13]。

ポール・ガデンヌが語りと経験を託すのは、別のタイプの登場人物である。それは、より正確に言えば、シモンが毎日草のなかの情交によって味わう真の歓喜のことである。シモンにとってアリアーヌはもはや天上の人ではない。「彼がその体を知っている女性だった」。アリアーヌは毎日現れ、シモンはその隣に横になる。「彼女は草の上、彼のそばに身を伸ばし、一瞬で、朝から地面がたくわえていたすべての熱を体内に取り込む」。アリアーヌは「幸福な女性の重み全体をかけて」大地にのしかかっていた。「彼女の胸、腹、膝は、一年のうちでもっとも脆く、もっとも繊細な花々の上にやさしくくずおれていた［…］それから、彼女は自分の近くに視線を戻し、指一本の距離に、それは近すぎて信じがたいほどだったが、草のなかに広がった男性の手を見ていた」。「彼は彼女を抱いていた。それはかれらの愛の感動であった」。あまりの感動に、シモンは「こんなに居心地がいいのだからこの小さな草の庭に」とどまっている方がよいだろうと口にするほどだった。「わたしたちは宿命を果たしたようだ」[14]。

感動の描写はつづく。ポール・ガデンヌはその先で、そばに横たわったシモンの方へ転がってくるアリアーヌの体を描き出す。「まもなくして彼女は草のなかに顔を沈め、額、目、口、歯を草にゆだねた。そして彼女とシモンのあいだに残っていた狭い隙間はまもなく彼女の広がった髪によって埋められた」。シモンは自分の脇腹にアリアーヌの脇腹が当たっているのを感じた。「今度は彼が仰向けになって寝そべり、両肩から彼女を持ちあげた。そして、男の上に女の体があることによって生じるこの素晴らしい重みを自身の上に感じた」。それは、「アリアーヌが頭を垂れ、日を受けて温まった草を嚙みちぎる幸福な時間に、かれらを地面に結びつけていた」ふたつの重みである。シモンはこのとき、「このふたりが全人類を代表しているのだ」と感じた。より先の方で、シモンは自分たちの結合を秘跡のようなものとみなし、「ふたりの魂と体が結びつく度に、至福に満たされると感じる」(15)。

ガデンヌの意図は、数ページ先でアリアーヌの体を打ち砕いてしまう雪崩が起こる前日に、大地との接触、および自然との融合を賛美することだった。それを知らなければ、お気づきだろうが、草の存在があまりに大きく、驚くほどだ。

森のなかに埋もれた猟場番人の小屋で交わることは、まったく異なる情動を引きおこす。お察しのように、ここでの焦点は感動というより、森に住む男の力にとらわれた貴婦人の、歓喜への目覚めである。『チャタレイ夫人の恋人』における情交は直接草の上で行われるのではない。よって草は、ポール・ガデンヌの小説でみたほどの存在感はもっていないが、小径の小さな花々と詳細に示されるいくつかの草が、陶酔への目覚めを促す役割を担う。ロレンスが、色とりどりの花とともに愛撫と体の装飾を描き出すのをみよう。

恋人どうしの長い会話の終わりに、「完全な沈黙が訪れた。コンスタンスは半ば話を聞いておらず、恋人の腹の上にかがみこんで金色の体毛に、小屋への道すがら摘んできたワスレナグサを何輪か挿していた」。このような仕草はかれらの逢瀬の度に繰り返される。

別の逢瀬の際には、森番は「指でそっと、恥丘の美しい褐色の毛並みにワスレナグサを何輪か挿した――ほら、あるべきところにあるワスレナグサだ、と彼は言った」。コンスタンスの方は、「ピンク色のパンジーをペニスの上にある金毛の茂みに挿した――ねえ、かわいい、かわいいわ、ジョン様、と言った。そして彼女は彼の黒い胸毛に一輪のワスレナグサを挿した」。

森番はしばらく森へ出かけ、両手いっぱいに花を抱えて足早に戻ってきた。「彼は［コンスタンスの］胸のまわりに、和毛《にこげ》のあるナラの若枝をあしらい、そこにツリガネソウとパンジーの花を盛った。臍にはピンク色のパンジーを一輪のせた。陰毛にはワスレナグサとクルマバソウが飾られた」。ジョンは結婚式に見立て、自分の体毛には花を挿し、ペニスのまわりにはコインコナスビの蔓を一本巻きつけ、臍は一輪のヒヤシンスで飾った。愛撫がつづく。終わりにジョンはコンスタンスの胸にキスし、「臍と陰毛にもキスしたが、そこには挿した花を残しておいた[16]」。

ロレンスが、知的なやりとりの結実としての関係ではなく、「男根崇拝的な、熱烈で自発的な関係[17]」を強調することを望んだこの小説では、ごらんのように、小径の花と草はきわめて重要である。ふたつの体を結びつける植物の虹が、ふたりの結合、つまりかたちばかりの結婚の性質を明らかにしている。

より明快で、牧草地と草の壮大な存在によってより深く貫かれているのは、ジョン・クーパー・ポウイスの主人公たちを結びつける、自然とのたえまない融合にとりつかれた情交である。『グラストンベリー・ロマンス』では、いとこどうしのメアリーとジョンのあいだで、肉体関係は二段階で展開する。風の当たらない方面にある牧草地を散歩するとき、草はよそに比べて二倍の高さがあり、より鮮やかな緑色をしている。ジョンは座ることにし、瓶の栓を抜く。メアリーは草の上に体を伸ばし、そして手を使いそろそろと移動してジョンに近づき、彼の帽子を取りあげて草のなかへ遠く飛ばす。パリから戻ってきたジョンは、「イギリスはこんな風なんだ。みずみずしい草の上に体を伸ばし、ごわついた布地を通して彼女の小さな胸を感じることだ」、とつぶやく。そこでは「みずみずしい草とタゲリの鳴き声が、女性の愛をなにかしら荒々しい、と同時に夢想的な、かつ毅然としたものにする」。「その娘のもっとも奥深い部分がまさに自分と同じものだ」と認識することは純粋なる歓喜であった。「そう、歓喜は三月の風に、寒気と雨、みずみずしく丈の高い、密生した草にふさわしかった」。ジョンはメアリーを抱きしめ、今回に限り、彼女を解き放つ。[18]

その先では、ジョンは川辺でメアリーの籠を地面に置く。「不意に彼の手がミントの茂みに触れ、そこから驚くほど甘い香りが立ち昇った」。これを機に「男の官能と女の官能」のあいだに大地の調和がなされる。一方の経験と他方の未経験が調和する。「この現象は間違いなく、かれらの内面のあり方が、どこかえも言われぬほど類似することによるものだった」。かれらは「異なるものどうしが対になる無上の歓び」を感じながら、「完全な調和をもって愛を交わしていた」[19]。それは味方である木の下、草のなかで行われ、恋人たちは小舟で帰る。

クーパー・ポウイスの想像世界におけるきわめて重要な要素は、これらふたつの引用にまとめて見いだされる。つまり、ノーフォークの自然に埋もれた、同じ土地の過去によって結びついたふたりの意識である。ノーフォークによって、ごく自然に、ふたりは調和するふたつの存在をなすのである。

『草』と題された小説でクロード・シモンによって描き出された抱擁は、陰鬱であり、そこには感動も、調和の感覚も、田園風あるいは聖書風な恋愛の歓喜の体験もない。とはいえ、女性主人公の運命にとって植物の体験がいかに重要か、が繰り返し示される。小説の三つの場面を通して、草は不安を予測させ、語り、感じさせる。まず、ルイーズは「立ったままでいる。草は、草の細い舌は彼女の素脚に沿って力なく揺れ、微風ではなく、たるんだ渦を巻く生ぬるい空気に、丈の高いチガヤが、そのクモの巣のような頭をしなやかに揺らしながらくるぶしをかすめ、緑色の多様な大地の舌が伸び、彼女のまわりでは和らぎつつある暑さが緩慢に震えている」。不穏であると同時にしなやかな草は、最後の失望を予測させるようだ。

小説の終盤、抱きしめられたあと、相手が煙草を吸うあいだ、「いまは力なく、びくとも動かず、死人のように草に身を横たえていた」ルイーズは、「あたかも下にある大地が再び形成され、少しずつその頑丈で堅い強度を取り戻すかのように」、少しずつ「自分の重みの意識」を取り戻す。「明るいワンピースについた黄緑色の染みが（体の突出部、肩甲骨、腰に）見えるかのように、背中にこびりついたつぶれた草の一本一本を感じとりながら。匂いを、踏まれた草からではなく、大地の深み、その内部からこそ発するような、ワンピースに染み込む湿った植物の香りを嗅ぎながら」。

そしてルイーズの感覚は明瞭になる。「なお動くことなく、湿った、踏みつけられた草のなかに横たわったまま（耳を傾け、自分のまわり、頭の高さに、折れて平らになった草が、一本また一本と離れ、目に見えない、たどたどしい短い動きによって起きあがり始めるときの細かくこすれる音が、聞きとれないほどのかすかなささやきのように聞こえると考えていた）。最後に、煙草の赤い点が手から飛び出し、［…］灰色の草のなかに消えていった」。ルイーズは「耳をそば立てて、つぶれた草の微細な、かすかなざわめきを聞いていた」が、相手は「いったいどうしたの」、と言って車で逃げ去った(20)。

この挿話を通して、緑の、硬く、香り立つ草がかすかなささやきによって働きかけるのは、ルイーズの全感覚である。恋人たちの調和から離れ、草は夜の湿った暗闇で、打ちのめすような不安を物語る。

第12章

「死者の草」
（ラマルチーヌ）

ギュスターヴ・クールベ《オルナンの埋葬》（1849–50　オルセー美術館）

人間の象徴

草は人間の推移の象徴である。ボシュエ〔フランスの司教、一六二七―一七〇四〕はいくどとなくこの象徴を用いる。一六七〇年八月、アンリエット・ダングルテールのための有名な追悼演説では、詩篇一〇二に想を得て、ボシュエは次のように述べる。「しかしながらご婦人は朝から晩までを野の草のように過ごしていかれました。朝、花を咲かせていました。いかほどの優美さをもってか、ご存じの通りです。それが晩には枯れていたのです[1]」。当時の説教師のうち、この比喩を用いたのはボシュエひとりではない。フレシエ〔フランスの説教師、一六三二―一七一〇〕はこの世の偉人に関して、「かれらの栄光は草のように枯れる」、と言い放つ。それからかなりあと、シャトーブリアンが自身の人生を振り返り、この象徴をとり入れる。「わたしは野の草のように枯れてしまった[2]」。

死は、草を刈る女性の姿によって表されるように、言うまでもなく草の象徴と密接に結びついている。ヴィクトル・ユゴーはこの主題を繰り返す。「草は半月鎌の刃に倒れるものだ」（『東方詩集』）。『静観詩集』の「パウカ・マエ〔娘への小詩〕」にも草刈りの女性が現れるが、これは死を意味する。墓の上に生える草はヴィクトル・ユゴーにとって、死の寓意であり、「不吉な草」である[3]。

幾人もの作家がそれを生命の復活とみなしているように、草は、人間にとって不可避の死とは対極の、生命の象徴でもある。マロのあと、ロンサールはクロード・ド・ロベピヌを悼む墓碑名体の詩のなかで、次のように問いかける。

牧場に伸びる草は、死んでも生き返るのに、
人間が墓に閉じ込められると
地中に沈み、もはや戻ってこないのは
いったいどういうことだろう。(4)

廃墟を覆う草

草は他方で、遠い死者とともにあるものだ。フロベールは、草が廃墟の詩において主たる要素をなすと認めている。一八四六年八月二十六日にルイーズ・コレに宛てて次のように書き記す。

わたしはとりわけ廃墟に生える植物が好きです。［…］生命は死を超えて戻ってくる。生命は化石化した頭蓋骨のなかに草を生やし、そしてわたしたちの誰かが自分の夢を刻みつけた石の上には、黄色いニオイアラセイトウの花が咲く季節になるたび、永遠の摂理が現れるのです。(5)

ラスキンはフロベールと同じ種類の感動をおぼえる。

廃墟の隙間に生える雑草の茂みのうちで、あらゆる点からみて、この廃墟のもっとも完全な彫刻とほぼ同等の美しさをもたぬものはなく、また、いくつかの点からみてそれより格段に優れた美しさをもたぬものはない(6)。

ジャン＝ピエール・リシャールもまた、草と、人間によるいくつかの作品とをつなぐものについて問うなかで、「頑固な草」がはびこる荒地と並んで特権的な場所のひとつとして、廃墟に注目する。リシャールは草と廃墟のあいだに明確な共犯関係を見いだす。草は隠すべきものを覆い、「そのものの存在を誇示しながらも、ある意味では草のかたちでそれに語らせる。草はたとえば、消去、つまり忘却の力をもつが、草はまた、忘れられたものの記憶を草としてたえず蘇らせ、それにどれほどの新鮮さをもたらすことか。［…］廃墟の地を覆う草はわたしたちにとって、それが無きものについての瞑想にすぎないとしても、その上に築きあげるべき敷物になる」。「少なくともここ、廃墟に、プラトンの時代と同じように草があった。［…］かつて、物事の起こりに、ここに草があった」、とこの遊歩者は考える(7)。

街全体がまさに廃墟のように見えることがある。草が敷石に取って代わった場合である。それは異質な恐怖をもたらす。ヴィクトル・ユゴーはヴォルムス〔ドイツ南西の街〕を訪れた際この恐怖をおぼえ、それを打ち明ける。ハイデルベルクの古い宮殿で、寝室、アルコーヴ、暖炉を見て、「そ

して足の下に草を感じ、頭上に空が見えること、これには怖気が走る」。他のところでユゴーは書いているが、なぜなら

ひとときは牧場《まきば》と泉をわれらに貸し与える神が、それらを引き取ったからだ、
ならば、家、庭、木陰よ、われらを忘れたまえ。
草よ、敷居をすり減らすがよい。イバラよ、足跡を隠せ。(8)

これまで、事物の死とそれらを少しずつ覆う草の死についてはふれてこなかった。フランソワーズ・ルノーは、近年農村できわめて頻繁にみられるこうした放棄に注意を向けるよう促す。草に隠された古い道具、さらに古い機械は、それらを用い操作した人々の死だけではなく、かれらの熟練技術の喪失をも意味する。(9)

緑の罠

草は墓や廃墟、死の上にただ生えかぶさるのではない。草自体が罠なのである。このことによって、草のなかの死という主題の豊かさが立証されることになる。まずなにより、わたし自身が幼少期に、囲い地の牧場を流れる小川のほとりでしばしばそれを感じた。草と深い水場との接触は、漠

然とした不安を引きおこす。あまりに強烈な魅力と死の可能性から生じる不安である。農村では二十世紀の半ばまで、絶望した男性は縊死を選んだが、女性の場合、多くは草に囲まれた沼や池での溺死であった。

バルベー・ドールヴィイ〔フランスの作家、一八〇八―八九〕は、『魅入られた女』の自殺の場面で、つまり女性たちが洗濯物を洗い、隣の牧場の草に広げに来ていたまさにその場所で、きわめて濃厚にそれを感じさせる。ここでは緑の汚染によって池が死を招く場となり、池は死への誘惑という緑の罠になる――妻帯司祭ソンブルヴァルの住まいを取り囲む緑もまったく同じである。司祭はしまいに「この緑の孤独のただなかで」自ら溺れてしまう〔バルベーの小説『妻帯司祭』（一八六五）への言及〕。

羊飼いが池の水から「魅入られた女」の遺体を引き上げたあと、法にしたがってその遺体は牧草地でさらされる。だが「それは、ここしばらくのなかでもっとも美しい夏の一日であった。空気は澄み、洗濯槽は透きとおっていた。草はいい匂いがしていた。草いきれが立ちこめていた。身動きしないジャンヌ〔魅入られた女〕に引き寄せられた虫が、切り花の優美さをそなえて横たわる死体のまわりをぶんぶんと飛んでいた(10)」。草はこの死の場面に登場するのみだが、だからこそ読者は、死に結びついた草の大きな存在感を感じる。

牧場は、その完全な平坦さゆえに、死の場である。フランシス・ポンジュは、自然がこのために牧場を準備し、できるかぎり短く刈りそろえたのだ、と書く。短い闘いの末、敵を倒す、あるいは敵によって倒されるのは、牧場においてこそである。フィリップ・ジャコテは、決闘の際、牧場のおかげで、それが正しいかどうか明確にわからずとも、勇気をもって死に直面することができる、と書く。

牧場は、自死の場また急死の場であり、また事故死の場でもある。ジャン・ジオノの『二番芽』の登場人物であるピエモンテ州〔イタリア北西部〕の女性は、野原へ花摘みに出かける。彼女は袋に三歳の子を入れて運び、草に置いて歌っていた。「彼女は愉しませようと子どもに花を渡していた」。ある日、彼女は子どもが草のなかで「すでに黒く、すっかり冷たくなって」いるのを見つける。「子どもがまだその小さな手に茎を何本か持っていたため、彼がドクニンジンを食べたのだとわかった。まだ真緑の茂みを見つけたのだった。歌っている母親からそう遠くないところで遊んでいたのである」[11]。その後この悲劇の場所では、草は枯れてからも、子どもを亡き者にした死のしるしでありつづけた。

同じ小説の別の登場人物パンチュルルは、母親が死んでいるのを見つけたとき、母親を背中にのせ、「草の牧場へ、つまりこの地方唯一の、小さな自然の牧場」へ運んだ。パンチュルルは母親を草の上に寝かせた。衣服を脱がして裸にし、洗い清め、シーツに包み、牧場のなかに埋葬した[12]。

この弔いの草という情景によって、戦時下の、死体を覆い隠す緑に埋もれた兵士の死へと導かれる。それは多くの小学生が暗唱した、ランボーの「谷間に眠るもの」の情景を思わせる。ヴィクトル・ユゴーは、戦闘地に生える草の恐怖を極限まで強く感じさせる。『ある犯罪の話』では、心地よい場所《ロクス・アモエヌス》の概観を素描し、花々や鳥の歌声、軽やかな微風、影に覆われた草、牛のうめき声、つまり伝統的田園詩の牧歌に基づくすべてのものに触れたのち、ユゴーは悲劇、また悲劇的な風景、すなわちスダン〔フランス北東の街、一八七〇年の普仏戦争の激戦地〕にとりかかる。

「なにかわからない不穏な緑が、シュヴァルツヴァルトの森を拡張するかのように、あらゆる高さに侵入していた」。「ここの非常に濃い草は花でいっぱいだった」。この異常な緑はおぞましい罠であった。「千五百頭の馬と同じ数の人間がそこに埋れていた」、それゆえに「草が濃い」のである。「不吉な植物」に覆われた小山が散在するこの「恐ろしい場所」では、それら植物の山一つひとつが「埋もれた一部隊のありかを示していた(13)」。

墓地との結びつき

墓地の茂った芝(14)は神聖であり、それを損なうことは言語道断である。とくにイギリスでは、墓地に生える雑草を根こそぎにするための懸命な努力がみられる。フロベールの感情はこれとまったく異なる。一八五一年九月二十八日、ルイーズ・コレに宛て、ロンドンにあるハイゲイト墓地を訪れたことを報告して次のように書く。

墓地としては、劣化し、荒廃して廃墟になり、イバラに覆われ、丈の高い草が生え、近くの囲いから抜け出てきた牛などがそこへ静かに草を食みにくる墓地を好みます。[15]

ユイスマンスは、『停泊』の登場人物ジャックが村の教会の門近くに荒廃した墓地を見つける場面で、墓地に対するより曖昧な感情をジャックに語らせる。「墓地はむら草と、黒くなった木の十字架と錆びに蝕まれた鋳鉄の十字架でいっぱいだった」。この墓地は「草の乱闘であり、枝の錯綜であった」。「マルハナバチがふたつ折りになって、自身の重みで垂れさがって揺れている花の上をうなっていた。チョウは風に酔ったように斜めに飛んでいた」。ジャックは「丈の高い草のなか教会へつづく「ためらいがちな」小径をたどった。[16]

『ムーレ神父のあやまち』でゾラが描いたアルビーヌの埋葬は、また別の感受性を示す。墓地では「葬列に踏みつけられて折れる草の小さな音が、嗚咽をこらえたささやきのようであった」。墓穴は「朝できたばかりの広い穴で、大きな茂みのなかに口を開けていた。その縁には、途中まで引き抜かれた丈の高い植物が茎を傾けていた[…]」。[17]

それより一世紀前、ゲーテの『親和力』に登場するシャルロッテは、先祖を追悼する石碑が移動されたことに気づいて憤慨する小教区教会員たちの反対にもかかわらず、古い教会の改築を計画する。この挿話は、庭の歴史および草への欲求の歴史と関連づけるべき、趣味の変化を示している。墓は移動され、教会の土台部分に寄せて片付けられていた。「土地の他の部分は均されていた。教会につづく広い道を除いて。この道に沿っては、反対側の小さな門までずっと、さまざまなクローバーの種が蒔かれており、とてもよく茂り、花が咲いていた。新しい墓は一定の秩序にしたがって端から配置されるはずだったが、そのたびに用地は均され、種を蒔かれるようだ」。こうして牧師は門の前に「墓のあるでこぼこした地面ではなく、美しい錦」を見るだろう。[18]

もっとも恐ろしいのは、しばしば主張されることだが、墓と、寝床とも経帷子ともみなされる草との密接なつながりである。アメリカでは、ホイットマンが一八五五年に、「草は墓の、手入れをしていない見事な髪である」、と書き、呼びかける。死者とのつながりを次のように草に問いただす。

おそらく、おまえは若者の胸から染み出てくる、
おそらく、わたしがかれらを知っていたら、かれらを愛しただろう
おそらく、おまえは老人、女性、母親の胸から早く引き離された子どもから出てくる
そしておまえは母親の胸にいる。
ここの草は老いた母親の白髪頭から生えるにしては色が濃すぎる、
老人の色が抜けた髭よりも濃い、
血の気の失せた胸から伸びてくるにしては濃すぎるのだ。[19]

ラマルチーヌは墓と「[彼の]母を覆う神聖な芝」を嘆き、まったきひとつの生命によって「忌まわしい畝」が肥えてしまう、と憤慨する。

彼女の墓を覆う死者の草が
そこで、わたしの足元で、より深くより濃くなるのに
少しの灰で十分だったとは。(20)

『内なる声』の「四月」におけるヴィクトル・ユゴーの夢想はこれほど陰鬱ではない。ルイ・ブランジェに呼びかけて言う。

わたしたちふたりとも
あそこ、キンポウゲが輝く草の下に眠っている
あの美しい娘を想うだろう。
[彼女は]この冬母親に、四月に緑のドレスをくれるよう約束を取りつけたのだった。(21)

自分自身の墓を夢見る場合、草にかかわる願望であることが多い。それは何世紀にもわたり繰り返されてきた。ロンサールは「自らの墳墓を選ぶこと」において希望を述べる。

まわりはすべて

草とさざめく水によって
囲まれている、
草はつねに青々とし
水は波打っている。

ロンサールは将来緑に囲まれるのを祈るだけではなく、また次のようにも願う。

墓が毎年
芝によって緑で覆われるように。

別の文章では、「やわらかい草、泉、花々」を愛していたマルグリット・ド・ヴァロワを偲びながら羊を警戒する。

この牧場で食むのをやめなさい、
ここの草はすべてヴァロワのニンフに
捧げられているのだから。(22)

その二世紀後、物語の世界において、ウェルテルはシャルロッテ宛ての最後の手紙の一通で、自分が死を望んでいることを告げ、のちに彼女に墓を訪れてくれるよう促す。墓では「風が丈の高い草を揺らし、夕日の光線が注いでいる［…］」[23]。

モーリス・ド・ゲランは、友人のひとりが杖を取り、芝に墓を描いて「ここにわたしは休みたいのだ。墓石はいっさいなし、ただ芝の台だけだ。ああ、ここならどんなに心地よいだろう」、と言ったと知り、感動し、恐れさえおぼえる[24]。

ラマルチーヌは、生まれ故郷のミィイを思いながら、同じような希望を述べる。

この野原に、わたしが望む寝床を掘ってくださいい［…］
頭上に野の草の褥を敷き広げてください
小集落の子羊が春にはまたそれを食む［…］
そこでわたしの灰は、わたしを慕う土に混じり、
わたしの精神にも先んじて生命を見いだし、
牧場で緑をなし、花々のあいだで花を咲かせるだろう[25]。

ヴィクトル・ユゴーもまた、『静観詩集』において同じ願望を、あるいは少なくとも同じ種類の夢想を語る。

さらに時間がなくなった［…］
わたしは草のなかにも墓を建てよう
みずみずしい芝の真ん中に白い墓を。(26)

草地への陰気な願望を繰り返すよりも、墓の草からの言葉を喚起する方が心を揺さぶる。柩を覆う芝から立ち昇る祈りは、ラマルチーヌのライトモチーフである。『新瞑想詩集』においてラマルチーヌは、自分の墓を夢想して慰めを得る瀕死の者を描く。

陰と沈黙の秘密を知って、しばしば
柩の芝から祈りが放たれる。(27)

モーパッサンにとっては反対に、解説者ルイ・フォレスチエが指摘するように、草の存在は永遠を約束するものではなく、いくらかの生存を約束するものですらない。墓に生えた丈の高い草が心を打つ光景であるとすれば、それはこの草が屍体の上に生える場合のみである。役に立たない老馬ココの死後、埋葬したところに「草が、気の毒な体から栄養をもらって、鬱蒼と、青々と、たくましく生えた」(28)。

ヴィクトル・ユゴーによって語られる、草にかかわる情動は、彼の作品に一貫して、力強く多様である。これについて本書ではすでに触れた。この他に、簡潔だが意味深い覚え書きによってときに浮かびあがる情動がある。たとえば『光と影』において、

わたしたちがみな眠ることになる死者の庭で。

と書き、付け加えて、

わたしは、そこでこそ生きている〔…〕
わたしが草のなかで音を立てると、死者たちは歓ぶ。(29)

娘のレオポルディーヌと「彼女の墓の冷たい緑の芝」に捧げられた詩「ヴィルキエにて」で表現された悲しみは深い。

草は生えるもの、子どもたちは死ぬものだ。(30)

ジャン・ヴァルジャンの最後は悲劇である。ペール・ラシェーズ墓地にある彼の墓は、消滅の象

徴である丈の高い草に覆われる。「草が隠し、雨が消す」、とヴィクトル・ユゴーは書く。[31] まったく異なる観点だが同様の力強さで、草は「マグニトゥド・パルウィ〔小さきものの偉大さ〕」において重要な役割を果たす。草は、羊飼いと星の対話に加わる。宇宙的な交歓に参加するのである。これについては、同じ時代にホイットマンも草と天体とを結びつけて語っている。草のなかにまろび、草の姿に合わせて簡明な言葉を探しながら、彼は書く。

わたしにはあなたたちがそこでささやいているのが聞こえる、ああ、天体よ、
ああ、太陽よ［…］ああ、墓の草よ［…］
あなたたちがなにも言わないのなら、どうしてわたしがなにかしら言うことができよう。

その先では

わたしは好きな草から生まれ直すため、自分自身を泥に捧げる
きみがわたしに会いたいときは、靴底の下を探してごらん。[32]

たしかに、墓の問題以前に、死からの隠れ場所として草は十分に、世を去った者の思い出を守ることができるのだ。モーリス・ド・ゲランは、切に慕いつづけていた恋人マリーの死に際し、この

ことを力強く表明する。

草に隠れたあなたの思い出の香りと、なお伝わってくる、名も知らぬ花の葯《やく》をひそかにふるわせる甘やかな声の響きに気づかない、ということがあるでしょうか。(33)

自然のなかで創作する現代美術家は、自身がランドアートを主張するか否かによらず、草よりも木や森、石を用いる場合が多くなっている。この3枚の写真が示すように、フランソワ・メシャン〔フランスの写真家、インスタレーションアート作家、1948–〕はその例外だ。

François Méchain, « Bailleul », France, 1994, Triptyque photographique N. et B. sur Dibond : 420 x 115 cm.
In situ, sculpture éphémère, bois de marronnier, bûches de hêtre provenant du Parc : 840 x 220 x 230 cm.

終章

「いま草はどうなっているのか」、とジル・クレマンは問う。これに対して答えることは本書の意図を外れる。「動く庭」の活動として草の世話をし、そのかたちを変え、草に働きかける植物学者や造園家は数多くいるので、かれらこそがわたしたちに答えてくれるはずだ。

草の現在のあり方は、これまでみてきたように、長い時間をかけて縒られてきた紐の端または延長のようにみえる場合が多い。だがわたしには――ここで歴史から離れることになるが――この世界には、ときに緊張状態にいたる、主要な出来事が際立つように思われる。この分野では、他の多くの分野と同様、前触れとみなされた運動は沈滞に陥る。そのうえ、わたしたちの草に対する知覚は、多くの事物同様、十九世紀に起こったように、それ以降、われらが「大地」ではなくわれらが「地球」について話すことになるような転換を反映している。

草の歴史はいくつかの重要な出来事によって強い影響を受けている。とくに、子どもと草の世界の根本的――全般的ではないものの――な分離である。この出来事だけでも感情の歴史を転換し、郷愁の構図を乱した。要するに、世代間の隔絶が生まれ、深まったということだ。かつての農業基盤が解体したせいで、牧場で繰り広げられていた感覚的な体験が珍しいものになった。草によって可能であった一連の行為、たとえば子どもが牧草地の傾斜を転がり落ちることや、丈の高い草に紛れての愛の抱擁が忘れられた。

むら草、さらに雑草に向けられたまなざしは変化した。とはいえ、よく手入れされた草への称賛と「雑草」の讃美とのあいだには、十八世紀から対立関係がみられた。多くの街でいわゆる「自然な」庭が増えている一方、芝刈り機の音はなお聞こえてくる。

おそらくパリのペール・ラシェーズ墓地より他に、この変化を如実に示す対照的な草のあり方を、来訪者が確かめうる場所はない。入り口の左には短く刈りそろえられた芝生の「思い出の庭」が広がり、右には乱れた庭が、自由奔放に伸びる草のなすがままになっている。

きわめて重要なのは、呼びおこされた郷愁から生じる草への欲求の深さであるとわたしには思われる。雑草除去をやめた歩道、窓枠や建物の屋根についた植物、放牧地となった高速道路脇、十九世紀以来の、パリの木々を囲む柵を引き抜くこと、首尾よくいけば、それらに代えて草用の小空間を設けること、そうしたことを褒めるのはいまや上品なことなのである。こういったものすべてがメディアを大いに歓ばせ、また情動の欠如を補おうとする意志を証明する。

多くの痛みを伴った農地の区画整理がいまでは非難され、他方で、牧草地の小規模な再生は実現している。大鎌を装備し、丁寧に道路脇の草を除去していた往時の道路作業員を懐かしむ気持ちから、草地維持のための過剰な機械化が批判され始めている。人間の健康に害をおよぼす殺虫剤との闘いは間接的に、小花によって牧場と野原に色彩を取り戻すことを目指す。小花はかつて牧場や野原にふさわしいものだったのだ。ハイキング用の小径をたどる歩行人気の高まりは、フロベールが語った歓びに通じる。

たしかに、ランド・アートの作家たちは、厳密な意味では草の作品よりも石や木、水場の作品に力を入れているが、庭の設計士の場合はそうではない、と繰り返しておこう。

草の運命を予言することは本書の主旨ではない。おそらく場所によってさまざまだ。いずれにせよ、草が、すなわち従順な草、むら草、雑草が、何世紀にもわたり生み出してきた情動がいかなるものであるかを振り返ることによって、草への欲求をめぐる長い歴史の存在が認識できるだろう。

訳者あとがき

本書は Alain Corbin, *La Fraîcheur de l'herbe. Histoire d'une gamme d'émotions de l'Antiquité à nos jours*, Fayard, 2018. の全訳である。なおコルバンのほとんどの著作がそうであるように、本書も翌二〇一九年にはすでにポケットブック版が刊行されている。

草や草原はわれわれ日本人にも馴染み深いものだが、冒頭に置いた「本書を読むにあたって」でも述べたように、風土と気候の違いのせいで、日仏では植生がかなり異なり、したがって草や草原の種類と様態も異なる。また、基本的にフランス人は田舎や田園が好きだし、草地や草原にたいする愛着も強い。コルバン自身はフランス北西部ノルマンディー地方の小さな町で生まれ育った人で、彼の子ども時代の記憶はその故郷の風景と強く結びついている。そのような文化的背景があったからこそ、本書も構想されたのであろう。

これまでのコルバンの仕事との連続性において、そしてそれを補完するかたちで、本書にはさまざまな側面がある。

まず、コルバンはこれまで自然と風景をめぐる一連の研究を公にしてきたが、本書はその系譜に属する試みである。『浜辺の誕生』（一九八八、邦訳藤原書店、一九九二）は、十八世紀から十九世紀前半のロマン主義時代を対象にして、海と浜辺にたいする認識と感性がどのように変化したかを探った。『風景と人間』（二〇〇一、邦訳藤原書店、二〇〇二）は風景をかたちづくる多様な要素を全体的に扱って、その表象の構図に迫った。西洋で「風景」という概念が誕生したのはルネサンス期であり、それを鑑賞し、場合によっては保護しようとする傾向はさらに近代の産物にほかならない。風景を風景として成立させ、その美を構築するのはさまざまな知の言説であり、感覚の布置であることをコルバンは示した。

そして『木陰の快さ――感情の源としての樹木、古代から現代まで』（二〇一三、藤原書店近刊）は古代から現代までという長い時間軸を設定しつつ、樹木と森が西洋人の感情をどのように形成してきたかを分析した美しい大著である。そこでコルバンは、森のざわめきに耳をそばだて、木々の肌触りを愛で、木陰で休息し、林のなかを逍遥しながら瞑想に耽った詩人たちの系譜を辿ってみせた。

本書『草のみずみずしさ』は、樹木から草（地）に対象を移して、やはり自然と人間の情緒的な関わりを探ろうとする。その意味では、テーマ的に『木陰の快さ』の姉妹編であり、どちらも副題に「感情 émotion」という語が含まれていることが両者の類縁性を明示している。その概略は次のとおりである。

西洋では古代から、自然の重要な一要素として草が穏やかさ、清純さ、素朴さ、神聖、楽園性など、さまざまな価値の源泉として評価されてきたことを概観した第1章に続いて、第2章では、子ども時代の自然体験が草上での遊戯や活動の記憶と強く結びついていることが論じられる。第3〜5章では、牧場や草原で憩い、そこを散策するという行為が人々の視覚、触覚、嗅覚など多様な感覚を目覚めさせ、人々を甘美な夢想へといざない、見ること、香りを嗅ぐことの快楽につながっていたことが、文学と美術をとおして示される。第6、7章は、草や草原のなかに棲息する昆虫や小動物の世界を喚起し、それらと人間の交流が語られる。そして田園詩の系譜を跡づけながら、「心地よい場所」としての草原の表象を描きだす。

他方で、こうした幸福な記憶とは逆に、牧草地は草刈りや収穫など時には過酷な労働の場でもあり（第8章）、花壇や庭の芝生は、所有者の富を露呈するものとして社会的差異化の記号ともなる（第9章）。とりわけ草（地）と文学の結びつきが鮮やかに露呈するのは、草原が女性の存在を想起させるシーンである。草のなかに女性が思いがけず姿を現わすこと、女性の素足が草を踏むさまがエロティシズムの源泉として、古代から詩人たちによって謳われてきた。こうして著者はペトラルカ、ユゴー、ゾラらの作品をつうじて、どのようにして草が性的欲望や快楽を誘発してきたかを示す（第10、11章）。そして「死者の草」と題された第12章では、墓地や廃墟に生える草がまるで緑の経帷子《きょうかたびら》のように地面や、墓石や、崩れた壁をおおって、生と文明の終焉を象徴することが語られる。

本書はこうして、草という自然要素が、人間（あるいは人類）の誕生から、幼年時代、青年時代、壮年期、そして死までの時間的流れに寄り添うかのように、人間の感情や感覚生活と分かち難くつながっていることを、さながら一編の抒情詩のように描いてみせた。

『木陰の快さ』と本書に共通しているのは、作家・哲学者の日記と手紙、文学作品、とりわけ近現代の詩が頻繁に引用されていることだ。テーマの性質上、行政や司法文書、教会関連の史料、古文書館に収められている手稿文書など、これまで歴史家たちが伝統的に参照してきた史料はあまり役立たない。コルバンは文学史家さながらに、ゾラやジオノの小説を読み、キーツ、ラマルチーヌ、ポンジュ、ルネ・シャールらの詩集を繙き、フロベールやジョルジュ・サンドの書簡集を参照し、ミシュレの博物誌的著作に着目した。コルバンの本は、樹木と草地を主題にした文学史的研究に分類されても違和感がないほどだ。このように文学作品や、日記、手紙、回想録など自己を語るエクリチュール（近年の歴史学ではこれらを「エゴドキュメント」と呼ぶ）を特権的な史料にするのは、この十年ほどのコルバンに顕著な特徴と言ってよい。

本書との関連では、コルバンが監修を務めた『感情の歴史』全三巻（二〇一六～二〇一七）にも言及しないわけにはいかない。本書の原副題が「古代から現代に至るある感情の歴史」であることからも明らかなように、さまざまな感情の形態を考察することが近年のコルバンの仕事の中心に据えられているからだ。十八～十九世紀を扱う『感情の歴史』第二巻には、コルバン自身が天候と西洋人の感情のあり方の関係をめぐって一章寄せており、「気象学的自我」という興味深い概念を提出している。『感情の歴史』の邦訳は藤原書店から既に第一、二巻が出版されており、最終巻も今秋には刊行予定である。

感情史は、とりわけ二十一世紀にはいってから歴史学の重要な領域になっているが、現在の日本では主として英米系やドイツ語系の研究が翻訳、紹介されている。感情史の先駆者であるリュシアン・フェーヴル以来、フランスは連綿と続く感情史研究の伝統を有しており、コルバンが現在それを代表する一人であることに異論の余地はない。本書『草のみずみずしさ』もまた、こうした感情史の一角を占める研究なのである。

かなりの高齢になったコルバンだが、今も毎年のように新著を世に問うており、その健筆ぶりは驚嘆のほかかない。本書以降も、『無名のフランス人の言葉――一九三〇年代』(二〇一九)、『未知の地――無知の歴史、十八～十九世紀』(二〇二〇)を出し、つい最近も『突風とそよ風――風を感じ、夢想するやり方の歴史』と題された新著を刊行したばかりで、これは数年前にコルバンが出した『雨の歴史』(二〇一七)と対をなす研究になっている。いずれの著作も藤原書店より近刊予定なので、ご期待いただきたい。

翻訳作業について言えば、まず綾部麻美が全体を翻訳し、その後小倉があらためて目を通して、難解な箇所については二人で協議しながら訳文を練った。コルバンによる文学作品の引用については、少し正確さを欠く箇所がいくつかあり、原典と照合したうえで訳者の判断で訂正させていただいた。

編集を担当してくださったのは、藤原書店の刈屋琢さんである。原著にはない人名索引の作成や、訳文へのコメントなどでいろいろお世話になった。深い謝意を表する次第である。

二〇二一年四月

訳者を代表して　　小倉孝誠

(30) Victor Hugo, *Les Contemplations*, *op. cit.*, « À Villequier », p. 298〔ヴィクトル・ユゴー「ヴィルキエにて」『ヴィクトル・ユゴー文学館　第1巻詩集』辻昶・稲垣直樹訳、潮出版社、2000年〕.

(31) Victor Hugo, *Les Misérables*, *op. cit.*, p. 886.

(32) Walt Whitman, *Feuilles d'herbe*, *op. cit.*, p. 167 et 171.

(33) Maurice de Guérin, *Œuvres complètes*, *op. cit.*, « Poèmes », p. 323. マリー・ド・ラ・モルヴォネのこと。1833年12月にモーリス・ド・ゲランを、夫を伴って迎えたが、1835年1月22日に死去する。

(4) Ronsard, *Œuvres complètes*, *op. cit.*, t. II, p. 946.
(5) Gustave Flaubert, *Correspondance*, *op. cit.*, t. I, p. 314-315.
(6) *Proust/Ruskin*, *op. cit.*, John Ruskin, *Les sept lampes de l'architecture*, p. 793.
(7) Jean-Pierre Richard, *L'état des choses*, *op. cit.*, p. 23.
(8) Victor Hugo, *Œuvres complètes*, *Voyages*, *op. cit.*, « Le Rhin », lettre 26, p. 264 et 304, puis *Les rayons et les ombres*, *op. cit.*, « Tristesse d'Olympio », p. 319.
(9) Françoise Renaud, *Femmes dans l'herbe*, *op. cit.*, p. 155.
(10) Jules Barbey d'Aurevilly, *Romans*, éd. Judith Lyon-Caen, Gallimard, 2013, *Un prêtre marié*, p. 724〔バルベイ・ドールヴィリ『妻帯司祭』小島俊明訳、出帆社、1974 年〕, et *L'Ensorcelée*, p. 490〔バルベ・ドルヴィィ『魅入られた女』『名付けようのない話・魅入られた女・ハンニバルの指環』所収、小椋順子訳、森企画、2013 年〕.
(11) Jean Giono, *Regain*, *op. cit.*, p. 8 et 9.
(12) *Ibid.*, p. 12.
(13) Victor Hugo, *Histoire d'un crime*, 以下に引用および解説。Yvon Le Scanff, *Le Paysage romantique et l'expérience du sublime*, Seyssel, Champ Vallon, 2007, p. 212-213.
(14) Victor Hugo, *Œuvres complètes*, *Voyages*, *op. cit.*, « Le Rhin », p. 148.
(15) Gustave Flaubert, *Correspondance*, *op. cit.*, t. II, p. 6.
(16) Joris-Karl Huysmans, *En rade*, *op. cit.*, p. 200 et 201.
(17) Émile Zola, *Les Rougon-Macquart*, *op. cit.*, t. II, *La faute de l'abbé Mouret*, p. 277.
(18) Goethe, *Romans*, *op. cit.*, *Les affinités électives*, p. 239〔ゲーテ『親和力』沢西健訳、白水社、1941 年〕.
(19) Walt Whitman, *Feuilles d'herbe*, *op. cit.*, p. 61.
(20) Alphonse de Lamartine, *Œuvres poétiques complètes*, *op. cit.*, *Harmonies poétiques et religieuses*, « Le tombeau d'une mère », p. 421.
(21) Victor Hugo, *Les voix intérieures*, *op. cit.*, p. 183.
(22) Ronsard, *Œuvres complètes*, *op. cit.*, t. I, *Quatrième livre des Odes*, « De l'élection de son sépulchre », p. 797, 876 et 877.
(23) Goethe, *Les souffrances du jeune Werther*, *op. cit.*, p. 101.
(24) Maurice de Guérin, *Œuvres complètes*, *op. cit.*, *Le cahier vert*, 24 mars 1833, p. 51.
(25) Alphonse de Lamartine, *Œuvres poétiques complètes*, *op. cit.*, *Harmonies poétiques et religieuses*, « Milly ou la terre natale », p. 399.
(26) Victor Hugo, *Les Contemplations*, *op. cit.*, « Les luttes et les rêves », XXII, p. 224.
(27) Alphonse de Lamartine, *Œuvres poétiques complètes*, *op. cit.*, *Nouvelles méditations poétiques*, « Le poète mourant », p. 148.
(28) Guy de Maupassant, *Contes du jour et de la nuit*, *op. cit.*, « Coco », p. 184.
(29) Victor Hugo, *Les rayons et les ombres*, *op. cit.*, « Dans le cimetière de... », p. 278.

(35) John Cowper Powys, *Wolf Solent*, *op. cit.*, p. 158 et 241.

第 11 章

(1) Victor Hugo, *Les Contemplations*, *op. cit.*, p. 365.

(2) Émile Zola, *Les Rougon-Macquart*, *op. cit.*, t. II, *La faute de l'abbé Mouret*, p. 184.

(3) Robert Musil, *L'homme sans qualités*, *op. cit.*, t. I, p. 873.

(4) 以下に所収。*Lettres érotiques*, Le Robert, coll. « Mots intimes », présentées par Agnès Pierron, Paris, 2015, p. 64. ジゼル・デストックは筆名、マリー゠ポール・デバールのこと。

(5) Jean Giono, *Regain*, *op. cit.*, p. 74 et 78, 79 et 81.

(6) Ronsard, *Œuvres complètes*, *op. cit.*, t. I, *Le Second livre des amours*, p. 211.

(7) Victor Hugo, *Œuvres complètes*, *Voyages*, *op. cit.*, « Le Rhin », p. 204.

(8) Charles Baudelaire, *Œuvres complètes*, Paris, Gallimard, coll. « Bibliothèque de la Pléiade », 1954, *Poèmes attribués*, II, p. 276.

(9) Stéphane Mallarmé, *Poésies*, *op. cit.*, « Pan » (1859).

(10) John Milton, *Le Paradis perdu*, *op. cit.*, p. 135.

(11) Rose-Marie Lagrave, *Le village romanesque*, *op. cit.*, p. 80.

(12) Émile Zola, *Les Rougon-Macquart*, *op. cit.*, t. II, *La faute de l'abbé Mouret*, p. 259.

(13) Jean Giono, *Le chant du monde*, *op. cit.*, p. 269 et 282.

(14) Paul Gadenne, *Siloë*, *op. cit.*, p. 496, 497, 498.

(15) *Ibid.*, p. 498 et 500.

(16) D. H. Lawrence, *L'amant de Lady Chatterley*, Gallimard, coll. « Folio classique », 1993, p. 373, 379, 384, 385 et 386〔ロレンス『完訳　チャタレイ夫人の恋人』伊藤整訳、伊藤礼補訳、新潮文庫、1996 年〕.

(17) 自身の作品に関するロレンスの言（1928 年）。*Ibid.*, p. 518.

(18) John Cowper Powys, *Les enchantements de Glastonbury*, *op. cit.*, p. 29, 33 et 34.

(19) *Ibid.*, p. 73 et 74.

(20) Claude Simon, *L'herbe*, Les éditions de Minuit, 2015, p. 18, 200, 201 et 203〔クロード・シモン『草』白井浩司訳、『現代フランス文学 13 人集　4』所収、新潮社、1966 年〕.

第 12 章

(1) Bossuet, *Œuvres*, Paris, Gallimard, coll. « Bibliothèque de la Pléiade », 1961, p. 91.

(2) フレシエとシャトーブリアンの文章は、以下の辞書の「草」の項に引用。*Le dictionnaire Bescherelle*, Paris, Garnier, 1861.

(3) これらすべての点について、« Hugo en herbe. Petits et grands drames de l'herbe », dans Jean Mottet (dir.), *L'herbe dans tous ses états*, *op. cit.*, p. 40.

(9) *Canzone* CLXV, p. 146.
(10) *Canzone* CXCII, p. 159.
(11) *Canzone* CCXLII, p. 192.
(12) *Canzone* CXCII CCCXX, « Le retour à Vaucluse », p. 238.
(13) *Canzone* CXCII CCCXXIII, p. 241.
(14) Iacopo Sannazaro, *Arcadia*, *op. cit.*, p. 56.
(15) Ronsard, *Œuvres*, *op. cit.*, t. I, *Le premier livre des amours*, CCXXVII, p. 143 et *Eclogue III*, « Chant pastoral sur les noces de Charles, duc de Lorraine », t. II, p. 185.
(16) Madeleine et Georges de Scudéry, *Artamène ou le grand Cyrus*, Garnier-Flammarion, 2005, p. 112, 113 et 114.
(17) Joseph-Marie Loaisel de Tréogate, *Dolbreuse*, 1786, t. I, p. 25, 以下に引用。Michel Delon, *Histoire des émotions*, Paris, Le Seuil, 2016, t. II, p. X.
(18) Alphonse de Lamartine, *Œuvres poétiques complètes*, *op. cit.*, *Méditations poétiques*, « Philosophie », p. 57.
(19) *Ibid.*, « Chant d'amour », p. 186.
(20) *Ibid.*, *Harmonies poétiques et religieuses*, « L'Humanité », p. 372.
(21) *Ibid.*, « Jocelyn », 3e époque, p. 614.
(22) 以下に言及されている。John Ruskin, dans *Proust/Ruskin*, *op. cit.*, John Ruskin, *Sésame et les lys*, p. 610〔ラスキン『胡麻と百合』石田憲次・照山正順訳、岩波文庫、1950年〕.
(23) Victor Hugo, *Les Contemplations*, *op. cit.*, « Aurore », p. 92 et « Amour », p. 196.
(24) Stéphane Mallarmé, *Poésies*, Garnier Flammarion, 1989, « Dans le jardin », p. 124.
(25) *Proust/Ruskin*, *op. cit.*, John Ruskin, *Sésame et les lys*, p. 608-609.
(26) Jean-Pierre Richard, *L'état des choses*, *op. cit.*, p. 26, 27 et 28.
(27) これらすべての点について、以下を参照。Vincent Robert, *La petite-fille de la sorcière: enquête sur la culture magique dans les campagnes au temps de George Sand*, Les Belles Lettres, 2015, p. 202 *sq*.
(28) John Keats, *Ode à un rossignol et autres poèmes*, *op. cit.*, « La belle dame sans merci », p. 29.
(29) Leconte de Lisle, *Poèmes antiques*, *op. cit.*, « Phidylé », p. 247, et « Thestylis », p. 220.
(30) Arthur Rimbaud, *Poésies*, Gallimard/Poésie, 1965, p. 271.
(31) Paul Gadenne, *Siloë*, *op. cit.*, p. 180, 201.
(32) Victor Hugo, *Les Contemplations*, *op. cit.*, « Amour », p. 197.
(33) Victor Hugo, *Les Misérables*, éd. d'Yves Gohin, Gallimard, coll. « Folio Classiques », 1995, p. 342.
(34) Guy de Maupassant, *Contes du jour et de la nuit*, *op. cit.*, « Le père », p. 64-65〔モーパッサン「父親」『モーパッサン短編集 2』青柳瑞穂訳、新潮文庫、1956年〕.

(10) Van Gogh, 以下に引用。Emmanuel Pernoud, *Paradis ordinaires. L'artiste au jardin public*, Les Presses du réel, Dedalus, 2013, p. 37.
(11) Emmanuel Pernoud, *Paradis ordinaires*..., *op. cit.*, p. 37, 49, 50 et 47.
(12) *Ibid.*, p. 47.
(13) Émile Zola, *Les squares*, 以下に引用。Emmanuel Pernoud, *Paradis ordinaires*..., *op. cit.*, p. 63 et 64.
(14) *Ibid.*, p. 169 グランド・ジャット島の分析に関するすべてについて同様。
(15) Marcel Proust, *Jean Santeuil*, *op. cit.*, p. 327-328.
(16) Jean Mottet, « Des pâturages anglais à la pelouse américaine... », art. cit., p. 144.
(17) *Ibid.*, p. 145.
(18) *Ibid.*, p. 147.
(19) Guy Tortosa, « Herbier, journal », dans Jean Mottet (dir.), *L'herbe dans tous ses états*, *op. cit.*, p. 102.
(20) *Ibid.*, p. 94.
(21) Jean Mottet, « Des pâturages anglais à la pelouse américaine... », art. cit., p. 155.
(22) これらのすべての点について、Georges Vigarello, *Une histoire culturelle du sport. Techniques d'hier... et d'aujourd'hui*, Robert Laffont, 1988, notamment p. 60, 89, 92 *sq*.
(23) ドンフロン〔フランス北西部〕の住民の牧草地において。
(24) Sylvie Nail, « L'herbe aux handicaps. Enjeux du gazon des golfs », dans Jean Mottet (dir.), *L'herbe dans tous ses états*, *op. cit.*, p. 161. 以上の詳細はこの論文に依拠する。
(25) *Ibid.*, p. 171.

第10章

(1) Hésiode, *Les travaux et les jours. La Théogonie*, Le livre de poche, 1999, p. 34〔ヘーシオドス『労働と日』松平千秋訳、岩波文庫、1986年〕.
(2) Louise-Dominique Pélegrin, « Ciel, ma prairie », art. cit., p. 84 et 87.
(3) Virgile, *Bucoliques, Géorgiques*, *op. cit.*, 1re Bucolique, p. 61.
(4) *Aucassin et Nicolette*, édition bilingue de Philippe Walter, Paris, Gallimard, coll. « Folio classique », 1999, p. 69-70 et 75〔『オーカッサンとニコレット』川本茂雄訳、岩波文庫、1952年〕.
(5) Dante, *La Divine comédie, Le Purgatoire*, trad. Jacqueline Risset, Flammarion, 1988, p. 259〔ダンテ『神曲　煉獄篇』平川祐弘訳、河出文庫、2009年〕.
(6) Pétrarque, *Canzone* CXXV, p. 116-117〔ペトラルカ『カンツォニエーレ』池田廉訳、名古屋大学出版会、1992年〕.
(7) *Canzone* CXXVI, p. 118.
(8) *Canzone* CLXII, p. 144.

et des usages de l'herbe dans les Pyrénées centrales », dans Francis Brumont (éd.), *Prés et pâtures en Europe occidentale*, *op. cit.*, p. 221-232.

(5) Olivier de Serres, *Le théâtre d'agriculture*..., *op. cit.*, p. 438, 74, 446 et 447.

(6) Alain Corbin, *Sois sage, c'est la guerre, 1939-1945. Souvenirs d'enfance*, Flammarion, 2014, « L'herbe aux lapins », p. 37-39.

(7) Joris-Karl Huysmans, *En rade*, *op. cit.*, p. 139.

(8) Aimé Blanc, *Le taureau par les cornes*, cité par Rose-Marie Lagrave, *Le village romanesque*, Arles, Actes Sud, 1980, p. 61.

(9) Jean Giono, *Que ma joie demeure*, cité par Denise Le Dantec, *L'homme et les herbes*, *op. cit.*, p. 43〔ジャン・ジオノ『喜びは永遠に残る』山本省訳、河出書房新社、2001 年〕.

(10) Gustave Roud 以下に引用。Philippe Jaccottet, *Œuvres complètes*, *op. cit.*, p. 91, 101, 104-105 et 116.

(11) Marquise de Sévigné, « La lettre des foins », 1671, 一例として、以下に引用。Denise Le Dantec, *L'homme et les herbes*, *op. cit.*, p. 46.

(12) Olivier de Serres, *Le théâtre d'agriculture*..., *op. cit.*, p. 448.

(13) *Ibid.*, p. 448 et 449.

(14) Gérard de Nerval, *Les filles du feu*, *op. cit.*, p. 252.

(15) Colette, *Sido* suivi de *Les vrilles de la vigne*, Le livre de poche, 1973, p. 111-112.

(16) Denise Le Dantec, *L'homme et les herbes*, *op. cit.*, p. 46.

(17) Henry David Thoreau, *Journal, 1837-1861*, *op. cit.*, p. 97.

第 9 章

(1) Denise Le Dantec, *L'homme et les herbes*, *op. cit.*, p. 384 et 385.

(2) Olivier de Serres, *Le théâtre d'agriculture*..., *op. cit.*, p. 895, 896, 903 et 904.

(3) George Sand, *Consuelo*, Phébus libretto, 1999, p. 617618 et 632〔ジョルジュ・サンド『歌姫コンシュエロ』持田明子・大野一道監訳、藤原書店、2008 年〕.

(4) Keith Thomas, *Dans le jardin de la nature*, *op. cit.*, p. 312.

(5) Jean-Jacques Rousseau, *Julie ou la Nouvelle Héloïse*, éd. Jean-Marie Goulemot, Le livre de poche classique, 2002, Lettre XI de la troisième partie, citations p. 534, 535, 536, 537, 541, 550 et 542〔ルソー『新エロイーズ』安士正夫訳、岩波文庫、1960 年〕.

(6) Pierre-Henri Valenciennes, *Éléments de perspective à l'usage des artistes*, cité par Sophie Le Ménahère, *L'invention du jardin romantique*..., *op. cit.*, p. 149.

(7) Cité par Keith Thomas, *Dans le jardin de la nature*, *op. cit.*, p. 312.

(8) Joris-Karl Huysmans, *En rade*, *op. cit.*, p. 69, 71, 72 et 73.

(9) Louis-Michel Nourry, *Les Jardins publics en province. Espace et politique au XIXe siècle*, préface d'Alain Corbin, PUR, 1997, p. 82 et 83.

1984, p. 129.

(19) 以下に引用。Sophie Le Ménahère, *L'invention du jardin romantique en France, 1761-1808*, Éd. Spiralinthe, 2001, p. 193.

(20) *Ibid.*, p. 526.

(21) 以上については以下を参照。François Walter, *Les Figures paysagères de la Nation. Territoire et paysage en Europe, XVIe - XXe siècles*, Éditions de l'EHESS, 2004, とくに p. 156 *sq*.

(22) Leconte de Lisle, *Poèmes antiques*, Gallimard, coll. « Poésie », 1994, p. 256, 276 et 290.

(23) Théocrite, *Idylles bucoliques, op. cit.*, « La muse aux champs », p. 71 et 75.

(24) Virgile, *Bucoliques, Géorgiques, op. cit.*, p. 293.

(25) Olivier de Serres, *Le théâtre d'agriculture..., op. cit.*, p. 526.

(26) Philippe Jaccottet, *Œuvres complètes, op. cit., Paysages avec figures absentes*, « Soir », p. 500, 501.

(27) 以下に引用。Sophie Le Ménahère, *L'invention du jardin romantique..., op. cit.*, p. 306.

(28) Victor Hugo, *Les Contemplations, op. cit.*, « Cadaver », p. 450, « Baraques de foire », p. 216.

(29) Victor Hugo, *Œuvres complètes, Voyages, op. cit.*, « Le Rhin », p. 57.

(30) Victor Hugo, *Correspondances, op. cit.*, t. II, p. 400.

(31) Leconte de Lisle, *Poèmes antiques, op. cit.*, « Fultus Hyacintho », p. 255 et 278.

(32) Henry David Thoreau, *Journal, 1837-1861, op. cit.*, p. 164.

(33) John Cowper Powys, *Les enchantements de Glastonbury, op. cit.*, p. 79.

(34) Robert Musil, *L'homme sans qualités, op. cit.*, t. I, p. 857.

(35) Dominique-Louise Pélegrin, « Ciel, ma prairie », art. cit., p. 85.

(36) Philippe Jaccottet, *Œuvres, op. cit.*, « L'Arcadie perdue et retrouvée », p. 1505.

第8章

(1) これらすべての点について、Francis Brumont (éd.), *Prés et pâtures en Europe occidentale, op. cit.*

(2) Daniel Pichot, « L'herbe et les hommes: prés et pâturages dans l'ouest de la France (XIe-XIVe siècle) », dans Francis Brumont (éd.), *Prés et pâtures en Europe occidentale, op. cit.*, p. 64.

(3) Corinne Beck, « Techniques et modes d'exploitation des prés dans le Val de Saône aux XIVe et XVe siècles », dans Francis Brumont (éd.), *Prés et pâtures en Europe occidentale, op. cit.*, p. 65-79, とくに p. 74.

(4) Sébastien Lay, « Maîtrise, non-maîtrise de l'herbage: approche ethnologique des savoirs

(15) Jean Giono, *Regain*, *op. cit.*, p. 62.
(16) John Cowper Powys, *Wolf Solent*, *op. cit.*, p. 267.
(17) Goethe, *Les souffrances du jeune Werther*, *op. cit.*, p. 49.
(18) Élisée Reclus, *Histoire d'un ruisseau*, *op. cit.*, p. 131.
(19) Victor Hugo, *Œuvres complètes*, *Voyages*, *op. cit.*, « Le Rhin », p. 146 et 340.
(20) Françoise Chenet, « Hugo en herbe. Petits et grands drames de l'herbe », dans Jean Mottet (dir.), *L'herbe dans tous ses états*, *op. cit.*, p. 37-48.
(21) Cité *ibid.*, p. 39.

第7章

(1) Jacques Brosse, *Mythologie des arbres*, Payot, 2001, とくに p. 54, 109, 244, 264 et 266〔ジャック・ブロス『世界樹木神話』藤井史郎他訳、八坂書房、2008年〕.
(2) Simon Schama, *Le paysage et la mémoire*, Le Seuil, 1999, p. 585〔サイモン・シャーマ『風景と記憶』高山宏・栂正行訳、河出書房新社、2005年〕.
(3) *Ibid.*, p. 595.
(4) これらすべての点について以下を参照。Jacques Brosse, *Mythologie des arbres*, *op. cit.* 注1で引用されたページ、とくに p. 264, postface.
(5) Théocrite, *Idylles bucoliques*, postface Alain Blanchard, *op. cit.*, p. 147.
(6) *Ibid.*
(7) *Proust/Ruskin*, *op. cit.*, p. 107.
(8) Yves Bonnefoy, *L'Inachevable*, Albin Michel, coll. « Livre de poche », 2010, p. 164 et 167.
(9) Virgile, *Bucoliques, Géorgiques*, *op. cit.*, IIIe Bucolique, p. 69-70.
(10) Horace, *Odes*, Gallimard, coll. « NRF/poésie », 2004, livre IV, XII, p. 425〔ホラーティウス『歌章』藤井昇訳、現代思潮社、1973年〕.
(11) これらすべての点について、Alain Mérot, *Du paysage en peinture dans l'Occident moderne*, Gallimard, 2009, chap. V, « Lieu poétique et inspiration pastorale », p. 177-204.
(12) *Ibid.*, p. 201.
(13) 以下に引用。Alain Mérot, *Du paysage en peinture...*, *op. cit.*, p. 211.
(14) Iacopo Sannazaro, *Arcadia*, *op. cit.*, p. 8.
(15) *Ibid.*, p. 12 et 14.
(16) *Ibid.*, p. 226.
(17) Ronsard, *Œuvres complètes*, t. II, Éclogue III, p. 184. ロンサールは牧歌を指す語として「églogue」ではなく「éclogue」を用いるが、ここでは明瞭を期して「églogue」を使用する。
(18) Honoré d'Urfé, *L'Astrée*, éd. par Jean Lafond, Gallimard, coll. « Folio classique »,

(38) Henri Bosco, *L'Âne Culotte*, *op. cit.*, p. 119 et 136.
(39) Françoise Renaud, *Femmes dans l'herbe*, *op. cit.*, p. 143-144.
(40) Jean de La Fontaine, « Les animaux malades de la peste » et « Les deux chèvres »〔ラ・フォンテーヌ『寓話』今野一雄訳、岩波文庫、1972 年〕.
(41) Alphonse Daudet, *Lettres de mon moulin*, *op. cit.*, p. 40, 41 et 43〔ドーデー「スガンさんのやぎ」『風車小屋だより』桜田佐訳、岩波文庫、1958 年〕.
(42) Henri Bosco, *L'Âne Culotte*, *op. cit.*, p. 43.
(43) ウルリッヒは特性のない男である。アルンハイムはドイツの裕福な知識人かつ実業家であり、ディオティーマは、カカニアすなわちオーストリア=ハンガリー帝国にかかわる大事業、「平行運動」の活動のため、自らのサロンを提供する。
(44) Robert Musil, *L'homme sans qualités*, *op. cit.*, t. I, p. 751.
(45) 以下に引用。Jean-Pierre Richard, *L'état des choses*, *op. cit.*, p. 24 et 25.

第 6 章

(1) René Char, *Œuvres complètes*, *op. cit.*, « Feuillets d'Hypnos », 217.
(2) Jules Michelet, *L'Insecte*, présenté par Paule Petitier, Éditions des Équateurs, 2011, p. 22 et 167.
(3) *Ibid.*, p. 75-76.
(4) Théocrite, *Idylles bucoliques*, L'Harmattan, 2010, p. 41, 43 et 75〔テオクリトス『牧歌』古澤ゆう子訳、京都大学学術出版会、2004 年〕.
(5) Virgile, *Bucoliques, Géorgiques*, *op. cit.*, *Géorgiques*, livre IV, p. 255 et 260.
(6) Goethe, *Romans*, *op. cit.*, *Les souffrances du jeune Werther*, p. 48〔ゲーテ『若きウェルテルの悩み』竹山道雄訳、岩波文庫、1951 年〕.
(7) John Keats, *Ode à un rossignol et autres poèmes*, *op. cit.*, « Sur la sauterelle et le grillon », p. 15, « Ode à un rossignol », p. 39, « À l'automne », p. 55.
(8) Alphonse de Lamartine, *Œuvres poétiques complètes*, *op. cit.*, « Jocelyn », p. 638-639; *Harmonies poétiques et religieuses*, « L'infini dans les cieux », p. 351-352.
(9) Henry David Thoreau, *Journal, 1837-1861*, *op. cit.*, p. 103, 123 et 139.
(10) *Ibid.*, p. 123.
(11) Victor Hugo, *Correspondance*, *op. cit.*, t. II, p. 468.
(12) Hippolyte Taine, *Voyage aux Pyrénées*〔テーヌ『ピレネ紀行』杉富士雄訳、現代思潮社、1973 年〕, 以下に引用。Antoine de Baecque, *Écrivains randonneurs*, *op. cit.*, p. 248.
(13) Guy de Maupassant, *Contes du jour et de la nuit*, *op. cit.*, « Souvenir », p. 220 *sq.*
(14) Élisée Reclus, *Le Ruisseau*, *op. cit.*, p. 70; Émile Zola, *Les Rougon-Macquart*, *op. cit.*, t. II, *La Faute de l'abbé Mouret*, p. 170.

波文庫、1989 年〕.

(13) John Milton, *Le Paradis perdu*, *op. cit.*, p. 156.

(14) Vivant Denon, *Point de lendemain*, dans *Romans libertins du XVIIIe siècle*, Robert Laffont, coll. « Bouquins », 1993, p. 1302 et 1306.

(15) John Cowper Powys, *Wolf Solent*, *op. cit.*, p. 415-416.

(16) Jean-Pierre Richard, *L'état des choses*, *op. cit.*, p. 24.

(17) Chrétien de Troyes, *Érec et Énide*, Honoré Champion, 2009, p. 135.

(18) L'Arioste, *Roland Furieux*, préface d'Yves Bonnefoy, Gallimard, coll. « Folio classique », 2003, chant I, p. 70〔アリオスト『狂えるオルランド』脇功訳、名古屋大学出版会、2001 年〕.

(19) Bernardin de Saint-Pierre, *Études de la Nature*, Publications de l'université de Saint-Étienne, 2007, p. 546.

(20) Alphonse Daudet, *Lettres de mon moulin*, préface de Louis Forestier, Le livre de poche, 1994, p. 108.

(21) Jean Giono, *Regain*, *op. cit.*, p. 45-46.

(22) William Wordsworth, *Poèmes*, *op. cit.*, « Le prélude », p. 49.

(23) Gérard de Nerval, *Les filles du feu*, *op. cit.*, « Odelettes », « Les Papillons », p. 77.

(24) George Eliot, *Le moulin sur la Floss*, *op. cit.*, p. 401.

(25) Alphonse de Lamartine, *Œuvres poétiques complètes*, *op. cit.*, « Jocelyn », p. 611-612.

(26) Giacomo Leopardi, *Canti*, *op. cit.*, « Chant nocturne d'un berger errant d'Asie », p. 104, et « Aspasia », p. 12.

(27) Guy de Maupassant, *Contes du jour et de la nuit*, Gallimard, coll. « Folio classiques », 1984, « Le crime du père Boniface », p. 49〔モーパッサン「ボニファスおやじの罪」『口髭・宝石』所収、木村庄三郎訳、岩波文庫、1954 年〕.

(28) Joris-Karl Huysmans, *En rade*, Gallimard, coll. « Folio classique », 1984, p. 142-143.

(29) Jacques Réda, « L'herbe écrite », cité par Jean-Pierre Richard, *L'état des choses*, *op. cit.*, p. 30, 38 et 37.

(30) Valentin Jamerey-Duval, *Mémoires*, *op. cit.*, p. 157.

(31) *Conversations de Goethe avec Eckermann*, Gallimard, 1988, « 26 septembre 1827 », p. 529〔エッカーマン『ゲーテとの対話』山下肇訳、岩波文庫、1968 - 1969 年〕.

(32) Marcel Proust, *À la recherche du temps perdu*, *op. cit.*, t. I, *Du côté de chez Swann*, p. 170.

(33) Denise Le Dantec, *L'homme et les herbes*, *op. cit.*, p. 360.

(34) Jean Giono, *Regain*, *op. cit.*, p. 85 et 148-149.

(35) Victor Hugo, *Œuvres complètes*, *Voyages*, *op. cit.*, « Le Rhin », p. 118 et 279.

(36) *Ibid.*, p. 339.

(37) Gustave Roud, *Anthologie*, *op. cit.*, p. 122.

(26) Rainer Maria Rilke, *Œuvres*, Le Seuil, 1966, t. I, « Rose », p. 215.

(27) Eugène Sue, *Les Mystères de Paris*, éd. par Judith Lyon-Caen, Gallimard, coll. « Quarto », 2009, p. 90〔ウジェーヌ・シュー『パリの秘密』江口清訳、集英社、1971 年〕. ラスキンは『アミアンの聖書』において、このページとそこに描かれた感情に対し注意を向けている。

(28) Émile Zola, *Les Rougon-Macquart*, Robert Laffont, coll. « Bouquins », t. II, *La faute de l'abbé Mouret*, 2002, p. 235〔エミール・ゾラ『ムーレ神父のあやまち』清水正和・倉智恒夫訳、藤原書店、2003 年〕.

(29) Philippe Jaccottet, *Œuvres complètes*, *op. cit.*, « L'obscurité », p. 243 et 245.

(30) Olivier Delavault, préface à James Fenimore Cooper, *La Prairie*, Éditions du Rocher, 2006.

(31) Jonathan Carver, 以下に引用。Aldo Leopold, *Almanach d'un comté des sables*, présentation J. M. G Le Clézio, Garnier Flammarion, 2000, p. 49〔アルド・レオポルド『野生のうたが聞こえる』新島義昭訳、森林書房、1986 年〕.

(32) James Fenimore Cooper, *La Prairie*, *op. cit.*, citations p. 55, 348, 618, 410, 428 et 669.

(33) Aldo Leopold, *Almanach…*, *op. cit.*, p. 200.

(34) John Muir, *Enfance et jeunesse*, 以下に引用。Aldo Leopold, *Almanach…*, *op. cit.*, p. 51.

(35) Aldo Leopold, *Almanach…*, *op. cit.*, p. 70, 71 et 262.

第 5 章

(1) René Char, *Œuvres complètes*, *op. cit.*, « Biens égaux », p. 251.

(2) Denise Le Dantec, *L'homme et les herbes*, *op. cit.*, p. 25.

(3) Francis Ponge, *Œuvres complètes*, *op. cit.*, « La fabrique du pré », p. 449.

(4) Denise Le Dantec, *L'homme et les herbes*, *op. cit.*, p. 25.

(5) Lucrèce, *De la nature des choses*, *op. cit.*, V, p. 579.

(6) John Milton, *Le Paradis perdu*, Gallimard, coll. « Poésie » 1995, p. 221. Cité chap. 1.

(7) Virgile, *Bucoliques. Géorgiques*, *op. cit.*, p. 69 et 89.

(8) Dominique-Louise Pélegrin, « Ciel, ma prairie ! », dans Jean Mottet (dir.), *L'herbe en tous ses états*, *op. cit.*, p. 83.

(9) Michel Pastoureau, *Vert*, *op. cit.*, p. 67 et 69.

(10) Iacopo Sannazaro, *Arcadia* (*L'Arcadie*), Les Belles Lettres, 2004, p. 73 et 112.

(11) Ronsard, *Œuvres complètes*, *op. cit.*, t. II, 1994, « Chant pastoral », p. 195, et t. I, p. 176 et 694.

(12) Novalis *in* Romantiques allemands, Gallimard, coll. « Bibliothèque de la Pléiade », t. I, 1963. *Heinrich von Ofterdingen*, p. 385〔ノヴァーリス『青い花』青山隆夫、岩

第4章

(1) Francis Brumont (éd.), *Prés et pâtures en Europe occidentale*, *op. cit.*, *passim*, et Marcel Lachiver, *Dictionnaire du monde rural*, Fayard, 2006, *passim*.

(2) Paul Gadenne, *Siloë*, *op. cit.*, p. 180.

(3) *Ibid.*, p. 177.

(4) *Ibid.*, p. 206.

(5) Dominique-Louise Pélegrin, « Mes prairies », dans « Herbes sages, herbes folles », *La grande oreille*, nº 50, juillet 2012, p. 58.

(6) René Char, *Œuvres complètes*, *op. cit.*, « Feuillets d'Hypnos », p. 216.

(7) Gérard de Nerval, *Les Filles du feu*, Les classiques de poche, 1999, « Sylvie », p. 269〔ネルヴァル『火の娘たち』野崎歓訳、岩波文庫、2020年〕.

(8) Pline le Jeune, *Lettres*, Flammarion, 1933, p. 131〔プリニウス『プリニウス書簡集』國原吉之助訳、講談社学術文庫、1999年〕.

(9) Ronsard, *Œuvres complètes*, *op. cit.*, t. I, p. 533.

(10) Valentin Jamerey-Duval, *Mémoires*, *op. cit.*, p. 92 et 100.

(11) とくに以下の著作、William Gilpin, *Observations sur la rivière Wye*, Presses universitaires de Pau, 2009.

(12) Maurice de Guérin, *Œuvres complètes*, *op. cit.*, « Poèmes, pages sans titre », p. 322.

(13) Alphonse de Lamartine, *Œuvres poétiques complètes*, *op. cit.*, « Jocelyn », p. 607.

(14) Marcel Proust, *À la recherche du temps perdu*, Gallimard, coll. « Bibliothèque de la Pléiade », 1954, t. I, p. 167-168〔プルースト『失われた時を求めて』吉川一義訳、岩波文庫、2010年〕.

(15) Victor Hugo, *Correspondance familiale et écrits intimes*, Laffont, coll. « Bouquins », t. II, *1828-1839*, 1991, p. 400.

(16) Victor Hugo, *Œuvres complètes*, *Voyages*, *op. cit.*, « Le Rhin », p. 47 et 51.

(17) Philippe Jaccottet, *Œuvres complètes*, *op. cit.*, « Le cahier de verdure », p. 771-773.

(18) Gustave Flaubert, Maxime Du Camp, *Nous allions à l'aventure par les champs et par les grèves*, Librairie générale française, 2012, p. 169.

(19) William Hazlitt, « Partir en voyage », *Liber amoris et autres textes*, Paris, [1822] 1994, 以下に引用。Antoine de Baecque, *Écrivains randonneurs*, *op. cit.*, p. 355.

(20) Maurice de Guérin, *Œuvres complètes*, *Poèmes*, *op. cit.*, « Ce que j'aime », p. 212.

(21) Eugène de Fromentin, *Œuvres complètes*, *op. cit.*, *Dominique*, p. 421-422, 423.

(22) Victor Hugo, *Œuvres complètes*, *Voyages*, *op. cit.*, « Le Rhin », lettre 20, p. 135 et 144.

(23) Henry David Thoreau, *Essais*, *op. cit.*, « Marcher », p. 199 et 216.

(24) Elizabeth Goudge, *La colline aux gentianes*, Éditions Phébus, [1950] 1999, p. 357.

(25) Élisée Reclus, *Histoire d'un ruisseau*, *op. cit.*, p. 118.

(8) *Ibid.*, p. 458, 459.

(9) Ponge cité par Michel Collot, « Sur le pré de Francis Ponge », dans Jean Mottet (dir.), *L'herbe dans tous ses états*, *op. cit.*, p. 22.

(10) Victor Hugo, *Les chants du crépuscule, Les voix intérieures, Les rayons et les ombres*, Gallimard, coll. « Poésie », p. 266.

(11) Philippe Jaccottet, *La promenade sous les arbres*, Lausanne, Éditions La Bibliothèque des Arts, 2009, p. 73, 74 et 79.

(12) Élisée Reclus, *Histoire d'un ruisseau*, *op. cit.*, p. 8, 9, 13, 49 et 114.

(13) Jean Giono, *Regain*, *op. cit.*, p. 69 et 143.

(14) Jean Giono, *Le chant du monde*, *op. cit.*, p. 260.

(15) Françoise Renaud, *Femmes dans l'herbe*, *op. cit.*, p. 30.

(16) Thomas Hardy, *Loin de la foule déchaînée*, *op. cit.*, p. 140 et 144.

(17) Francis Ponge, *Œuvres complètes*, *op. cit.*, t. II, « La fabrique du pré », p. 452-453.

(18) *Ibid.*, p. 469.

(19) Arthur Rimbaud, *Poésies - Une saison en enfer - Illuminations*, *op. cit.*, « Soir historique », p. 239.

(20) Alphonse Daudet, *Lettres de mon moulin*, Gallimard, coll. « Classiques de poche », 1994, *Ballades en prose*, « Le sous-préfet aux champs », p. 107-108.

(21) Joachim Du Bellay, *Œuvres poétiques*, Classiques Garnier, t. II, 2009, « Chant de l'amour et du printemps », p. 174.

(22) Philippe Jaccottet, *Œuvres*, *op. cit.*, « Mai », p. 706-707.

(23) Giacomo Leopardi, *Canti*, *op. cit.*, « Écoute, Melisso », p. 150.

(24) John Keats, *Ode à un rossignol et autres poèmes*, La Délirante, 2009, p. 39〔キーツ「ナイチンゲールによせるオード」『キーツ詩集』中村健二訳、岩波文庫、2016 年〕.

(25) Philippe Jaccottet, *Œuvres*, *op. cit.*, « Les cormorans », p. 681.

(26) Alphonse de Lamartine, *Œuvres poétiques complètes*, *op. cit.*, *Harmonies poétiques et religieuses*, « Jehova », p. 366.

(27) Henry David Thoreau, *Essais*, *op. cit.*, *Histoire naturelle du Massachusetts*, p. 50〔ヘンリー・ソロー『ソロー博物誌』山口晃訳、彩流社、2011 年〕.

(28) Ralph Waldo Emerson, *Nature*, dans *Essais*, *op. cit.*, p. 18.

(29) Leconte de Lisle, *Poèmes antiques*, Gallimard, coll. « Poésie », 1994, « Juin », p. 276.

(30) John Cowper Powys, *Les enchantements de Glastonbury*, Gallimard, 1991, p. 650.

(31) *Ibid.*, p. 1008.

(32) Philippe Jaccottet, *Œuvres*, *op. cit.*, « Le pré de Mai », p. 492 et 493.

(33) Maurice Halbwachs, *Les cadres sociaux de la mémoire*, Alcan, 1925〔モーリス・アルヴァックス『記憶の社会的枠組み』鈴木智之訳、青弓社、2018 年〕.

(34) Philippe Jaccottet, *Œuvres*, *op. cit.*, « Trois fantaisies », p. 709.

65, « À un papillon », p. 121, « Au coucou », p. 123 et 125〔ワーズワース「郭公に」『ワーズワース詩集』前川俊一訳、彌生書房、1966 年〕.

(20) John Ruskin, extrait de *Les sept lampes de l'architecture*, cité dans *Proust/Ruskin*, *op. cit.*, p. 739〔ジョン・ラスキン『建築の七燈』杉山真紀子訳、鹿島出版会、1997 年〕.

(21) Walt Whitman, *Feuilles d'herbe*, *op. cit.*, p. 265.

(22) Giacomo Leopardi, *Canti*, Gallimard, « Poésie », 19641982, « Le premier amour », p. 64〔ジャコモ・レオパルディ『カンティ』脇功・柱本元彦訳、名古屋大学出版会、2006 年〕.

(23) Henri Bosco, *L'Âne Culotte*, Gallimard, 1937, p. 119〔アンリ・ボスコ『ズボンをはいたロバ』多田智満子訳、晶文社、1989 年〕.

(24) Colette, *Les vrilles de la vigne*, Fayard, 2004, p. 115.

(25) Hermann Hesse, *La leçon interrompue*, *op. cit.*, « Mon enfance », p. 23, 26, 20 et 21.

(26) Paul Gadenne, *Siloë*, *op. cit.*, p. 177.

(27) Robert Musil, *L'homme sans qualités*, Le Seuil, 2014, t. I, p. 875.

(28) Textes cités par Guy Tortosa, « Herbier, Journal », dans Jean Mottet (dir.), *L'herbe dans tous ses états*, *op. cit.*, p. 91 et 92.

(29) Denise Le Dantec, *L'homme et les herbes*, *op. cit.*, p. 291.

(30) Walt Whitman, *Feuilles d'herbe*, *op. cit.*, p. 59.

(31) Victor Hugo, *Les rayons et les ombres*, *op. cit.*, p. 288.

(32) Victor Hugo, *Voyages, Le Rhin*, *op. cit.*, p. 129.

(33) Victor Hugo, *Les Contemplations*, *op. cit.*, « Pauca Meæ », p. 281.

(34) Gustave Flaubert, *Madame Bovary*, Gallimard, « Folio classique », 2001, p. 244〔フローベール『ボヴァリー夫人』伊吹武彦訳、岩波文庫、1939 年〕.

第 3 章

(1) 以降の詳細は以下のきわめて重要な著作に依拠するところが大きい。Francis Brumont (éd.), *Prés et pâtures en Europe occidentale*, Toulouse, Presses universitaires du Mirail, 2008.

(2) Pierre Lieutaghi, dans Olivier de Serres, *Le théâtre d'agriculture...*, *op. cit.*, p. 53 et 48.

(3) *Ibid.*, p. 437, 438, 441 et 446.

(4) Francis Ponge, *Œuvres complètes*, *op. cit.*, t. II, « La fabrique du pré », 22 et 27 octobre 1960, p. 449.

(5) Michel Collot, « Sur le pré de Francis Ponge », dans Jean Mottet (dir.), *L'herbe dans tous ses états*, *op. cit.*, p. 23.

(6) Gustave Roud, *Anthologie*, *op. cit.*, p. 142 et 143.

(7) Francis Ponge, *Œuvres complètes*, *op. cit.*, t. II, « La fabrique du pré », p. 449.

(2) René Char, *Œuvres complètes*, Gallimard, coll. « Bibliothèque de la Pléiade », 1995, « Feuillets d'Hypnos », p. 192〔ルネ・シャール「イプノスの綴り」『ルネ・シャール全詩集』所収、吉本素子訳、青土社、2002 年〕.

(3) Yves Bonnefoy, *Le lieu d'herbe*, *op. cit.*, 前パラグラフの記述についてはとくに p. 28.

(4) George Sand, *Œuvres autobiographiques*, I., *Histoire de ma vie*, Gallimard, coll. « Bibliothèque de la Pléiade », 1970, p. 556-557〔ジョルジュ・サンド『我が生涯の記』加藤節子訳、水声社、2005 年〕.

(5) Victor Hugo, *Œuvres complètes*, *Voyages*, *op. cit.*, « Pyrénées », p. 762.

(6) Julien Gracq, *Carnets du grand chemin*, Paris, 1992〔ジュリアン・グラック『街道手帖』永井敦子訳、風濤社、2014 年〕, 以下に引用。Antoine de Baecque, *Écrivains randonneurs*, Omnibus, 2013, p. 841.

(7) Nicolas Delesalle, *Un parfum d'herbe coupée*, Librairie générale française, 2014, p. 119 et 285.

(8) Françoise Renaud, *Femmes dans l'herbe*, Vichy, Aedis, 1999, p. 122.

(9) Guth des Prez, « Souvenirs d'enfance », dans « Herbes sages, herbes folles », *La grande oreille*, n° 50, juillet 2012, p. 9 et 11.

(10) Philippe Jaccottet, *Œuvres*, *op. cit.*, « Carnets, mai 1973 », p. 626.

(11) Yves Bonnefoy, *Le lieu d'herbe*, *op. cit.*, p. 41.

(12) Valentin Jamerey-Duval, *Mémoires. Enfance et éducation d'un paysan au XVIII*e *siècle*, présenté par Jean-Marie Goulemot, Minerve, 2011, notamment p. 78.

(13) Jean-Jacques Rousseau, *Rêveries du promeneur solitaire*, Librairie générale française, 2001, p. 133 et 149〔ルソー『孤独な散歩者の夢想』今野一雄訳、岩波文庫、1960 年〕.

(14) Bernardin de Saint-Pierre, *Études de la Nature*, Publications de l'université de Saint-Étienne, 2007, p. 560.

(15) Maurice de Guérin, *Œuvres complètes*, *Le Cahier vert*, Classiques Garnier, 2012, p. 56.

(16) Alphonse de Lamartine, *Œuvres poétiques complètes*, Gallimard, coll. « Bibliothèque de la Pléiade », 1963, *Nouvelles méditations poétiques*, « Les préludes », p. 165, et *Harmonies poétiques et religieuses*, « Milly », p. 395 et 397.

(17) Eugène Fromentin, *Œuvres complètes*, *Dominique*, Gallimard, coll. « Bibliothèque de la Pléiade », 1984, p. 404〔フロマンタン『ドミニック』安藤元雄訳、中公文庫、1980 年〕.

(18) George Eliot, *Le moulin sur la Floss*, Gallimard, 2003, p. 69〔ジョージ・エリオット『フロス川の水車小屋』山主敏子訳、集英社、1977 年〕.

(19) William Wordsworth, *Poèmes*, Gallimard, « Poésie », 2001, « Le prélude », p. 63 et

(59) Henry David Thoreau, *Journal, 1837-1861*, présentation de Kenneth White, Denoël, 2001, p. 191〔ヘンリー・ソロー『ソロー日記』山口晃訳、彩流社、2013－2018年〕.
(60) Henry David Thoreau, *Essais*, *op. cit.*, « Teintes d'automne », p. 268.
(61) Victor Hugo, *Les Contemplations*, Librairie générale française, 2002, p. 324.
(62) Jean-Pierre Richard, *L'état des choses*, *op. cit.*, p. 12.
(63) *Proust/Ruskin*, éd. par Jérôme Bastianelli, Robert Laffont, 2015, Ruskin, « La nature », p. 762.
(64) Gilles Deleuze, Félix Guattari, *Mille plateaux: capitalisme et schizophrénie 2*, Éditions de Minuit, 1980, p. 29〔ジル・ドゥルーズ、フェリックス・ガタリ『千のプラトー——資本主義と分裂症』宇野邦一他訳、河出書房新社、1994年〕.
(65) Lucrèce, *De la nature des choses*, Livre de poche classique, 2002, V, p. 529, 531, 581〔ルクレーティウス『物の本質について』樋口勝彦訳、岩波文庫、1961年〕.
(66) Alphonse de Lamartine, *Œuvres poétiques complètes*, Gallimard, coll. « Bibliothèque de la Pléiade », 1963, p. 784-785.
(67) Victor Hugo, *Les Contemplations*, *op. cit.*, « Ce que dit la bouche d'ombre », p. 507, « Magnitudo Parvi », p. 268, « Croire mais pas en nous », p. 407, « À celle qui est restée en France », p. 546.
(68) *Ibid.*, « Oui, je suis le rêveur », p. 107.
(69) Walt Whitman, *Feuilles d'herbe*, *op. cit.*, p. 109.
(70) Philippe Jaccottet, *Œuvres*, *op. cit.*, « Carnets, août 1990 », p. 942.
(71) *Ibid.*, « Trois fantaisies », p. 709.
(72) Michel Delon, dans Alain Corbin, Jean-Jacques Courtine et Georges Vigarello (dir.), *Histoire des émotions*, Le Seuil, 2016, t. II, p. 23.
(73) John Milton, *Le Paradis perdu*, traduction de Chateaubriand, Gallimard, « Poésie », 1995, p. 123, 126, 221〔ミルトン『失楽園』平井正穂訳、岩波文庫、1981年〕.
(74) Philippe Thiebaut, *Pudeur*, Éditions de la Table Ronde, 2014.
(75) Philippe Delerm, *Les chemins nous inventent*, *op. cit.*, p. 77.
(76) Keith Thomas, *Dans le jardin de la nature*, *op. cit.*, p. 351, n. 1.
(77) Victor Hugo, *Les Misérables*, Gallimard, coll. « Folio classiques », 1995; Édition d'Yves Gohin, t. 1, p. 233〔ヴィクトル・ユゴー『レ・ミゼラブル』永山篤一訳、角川文庫、2012年、ほか〕.
(78) Jules Michelet, *L'insecte*, Éditions des Équateurs, 2011, p. 286〔ジュール・ミシュレ『博物誌　虫』石川湧訳、ちくま学芸文庫、1995年〕. とはいえ、ミシュレは草の闘いも描いている（後述参照）。

第2章

(1) Jean-Pierre Richard, *L'État des choses*, *op. cit.*, p. 14 et 16.

II, 1980, p. 557.

(37) Michel Collot, « Sur le pré de Francis Ponge », dans Jean Mottet (dir.), *L'herbe dans tous ses états*, Seyssel, Champ Vallon, 2011, p. 22.

(38) Henry David Thoreau, *Walden ou la vie des bois*, Gallimard, coll. « L'imaginaire », p. 310〔H・D・ソロー『森の生活　ウォールデン』飯田実訳、岩波文庫、1995年〕, 以下に引用。Philippe Jaccottet, *Œuvres, op. cit.*, « Carnets, 1995-1998 », « La Semaison », p. 1052.

(39) 以下に引用。Philippe Jaccottet, *Œuvres, op. cit.*, « Carnets, 1995-1998 », p. 1045.

(40) Jean-Pierre Richard, *L'état des choses, op. cit.*, p. 25.

(41) *Ibid.*, p. 37.

(42) Denise Le Dantec, *L'homme et les herbes, op. cit.*, p. 416.

(43) John Cowper Powys, *Wolf Solent*, Gallimard, coll. « NRF », [1961] 1967, p. 94-95〔ジョン・クーパー・ポウイス『ウルフ・ソレント』鈴木聡訳、国書刊行会、2001年〕.

(44) Henry David Thoreau, *Essais, op. cit.*, « Teintes d'Automne », p. 271.

(45) Hubert Voignier, *Les hautes herbes*, Cheyne éd., 2004 et 2011, p. 11-14.

(46) *Ibid.*, p. 24 et 35.

(47) Philippe Delerm, *Les chemins nous inventent*, Stock, 1997-1998, p. 121.

(48) Keith Thomas, *Dans le jardin de la nature, op. cit.*, p. 354-355.

(49) Marcel Proust, *Jean Santeuil*, Gallimard, coll. « Quarto », 2001, p. 348 et 323〔プルースト「ジャン・サントゥイユ」『プルースト全集』鈴木道彦他訳、筑摩書房、1984年〕.

(50) Denise Le Dantec, *L'homme et les herbes, op. cit.*, p. 435. On trouve dans cet ouvrage, p. 432-435, une liste des artistes traitant des herbes folles.

(51) John Cowper Powys, *Wolf Solent, op. cit.*, p. 523.

(52) Gustave Roud, *Anthologie*, par Philippe Jaccottet, Segers, coll. « Poètes d'aujourd'hui », 2002, « Épaule », p. 113.

(53) Jacques Réda, *L'herbe des talus*, Gallimard, « Folio », 1996, p. 187 et 185.

(54) Élisée Reclus, *Histoire d'un ruisseau*, Arles, Actes Sud, coll. « Babel », 1995, p. 129 et 137.

(55) Philippe Delerm, *Les chemins nous inventent, op. cit.*, p. 82.

(56) Victor Hugo, *Œuvres complètes, Voyages*, Robert Laffont, coll. « Bouquins », 1987, « Le Rhin », p. 70, 113, 114, 146.

(57) Olivier de Serres, *Le Théâtre d'agriculture et mesnage des champs*, Arles, Actes Sud, coll. « Thésaurus », 2001, p. 243-244.

(58) 以上すべての点について、以下を見よ。Keith Thomas, *Dans le jardin de la nature, op. cit.*, p. 351-353.

(15) Thomas Hardy, *Loin de la foule déchaînée*, Archipoche, 2015, p. 139〔トマス・ハーディ『遥か群衆を離れて』高畠文夫訳、角川書店、1970年〕.
(16) Paul Gadenne, *Siloë*, Le Seuil, 1974, p. 472-473 et 486.
(17) Robert Musil, *L'homme sans qualités*, Le Seuil, 2004, t. II, p. 632〔ムージル『特性のない男』加藤二郎、松籟社、1992－1995年〕.
(18) Goethe, *Poésies/Gedichte*, Aubier, collection bilingue, 1982, t. II, p. 75.
(19) Jean Giono, *Regain*, Le livre de poche, 1995, *passim*.
(20) Francis Ponge, *Œuvres complètes*, Gallimard, coll. « Bibliothèque de la Pléiade », 2002, t. II, « La fabrique du pré », p. 476.
(21) Denise Le Dantec, *L'homme et les herbes*, Éditions Apogée, 2010, p. 25.
(22) Francis Ponge, « La fabrique du pré », *op. cit.*, p. 489.
(23) Philippe Jaccottet, *Œuvres*, *op. cit.*, voir p. 1499, citation dans « Cahier de verdure », p. 757.
(24) Keith Thomas, *Dans le jardin de la nature*, Gallimard, 1985, p. 295-303〔キース・トマス『人間と自然界――近代イギリスにおける自然観の変遷』山内昶監訳、法政大学出版局、1989年〕.
(25) Ronsard, *Œuvres complètes*, Gallimard, coll. « Bibliothèque de La Pléiade », t. I, 1993, p. 670.
(26) Virgile, *Bucoliques. Géorgiques*, Gallimard, coll. « Folio classique », Troisième Géorgique, p. 237〔ウェルギリウス『牧歌・農耕詩』河津千代訳、未來社、1981年〕.
(27) Michel Pastoureau, *Vert*, Le Seuil, Points Histoire, 2017, p. 129-130.
(28) Goethe, *Poésies*, *op. cit.*, t. II, « Printemps précoce », p. 499, « Mai », p. 623, « Printemps l'année durant », p. 625.
(29) Rainer Maria Rilke, *Œuvres*, Le Seuil, 1966, t. I, *Prose*, p. 507.
(30) Stéphane Mallarmé, *Poésies*, Garnier Flammarion, 1989, p. 230〔マラルメ『マラルメ全集』筑摩書房、2010年〕.
(31) Colette, *La maison de Claudine*, Fayard / Hachette littérature, 2004, « Printemps passé », p. 150〔コレット「クローディーヌの家」『コレット著作集』所収、桜井成夫訳、二見書房、1972年〕.
(32) Jean Giono, *Le chant du monde*, Gallimard, 1934, rééd. coll. « Folio », 1976, p. 259 et 260〔ジャン・ジオノ『世界の歌』山本省訳、河出書房新社、2005年〕.
(33) Hermann Hesse, « Mon enfance », dans *La leçon interrompue*, Calmann Lévy, 2012, p. 50 et 51.
(34) Philippe Jaccottet, *Œuvres*, *op. cit.*, « Mai », p. 707.
(35) Walt Whitman, *Feuilles d'herbe*, *op. cit.*, p. 29.
(36) Gustave Flaubert, *Correspondance*, Gallimard, coll. « Bibliothèque de La Pléiade », t.

原　注

序 章

（1）Arthur Rimbaud, *Poésies - Une saison en enfer - Illuminations*, Gallimard, coll. « Poésie/Gallimard, nº 87 », 1999, « Soir historique », p. 239〔ランボオ「歴史の暮方」『地獄の季節』所収、小林秀雄訳、岩波文庫、1938 年〕.

第 1 章

（1）Yves Bonnefoy, *Le lieu d'herbe*, Galilée, 2010, p. 18. この小作品は、草に関するきわめて充実した著作のひとつである。

（2）Ralph Waldo Emerson, *Nature*, dans *Essais*, Michel Houdiard, 2009, p. 19〔エマソン「自然」『エマソン論文集』所収、酒本雅之訳、岩波文庫、1973 年〕. この論文は 1836 年に発表された。

（3）Yves Bonnefoy, *Le lieu d'herbe*, *op. cit.*, p. 20.

（4）Henry David Thoreau, *Essais*, Marseille, Le Mot et le Reste, 2007, « Teintes d'automne », p. 273.

（5）以下に引用。Philippe Jaccottet, *Œuvres*, Gallimard, coll. « Bibliothèque de La Pléiade », 2014, « Carnets, 1995-1998 », p. 1045.

（6）Walt Whitman, *Feuilles d'herbe*, José Corti, 2008, p. 59〔ホイットマン『草の葉』酒本雅之訳、岩波文庫、1998 年〕.

（7）Philippe Jaccottet, *Œuvres*, *op. cit.*, « Aux liserons des champs », p. 1115 et note 1550.

（8）Walt Whitman, *Feuilles d'herbe*, *op. cit.*, p. 25.

（9）フィリップ・ジャコテは以下の箇所でこれらの特徴を詳しく述べている。Philippe Jaccottet, *Œuvres*, *op. cit.*, « La Semaison », « Carnets, août 1965 », p. 385.

（10）Victor Hugo, *Les voix intérieures*, Gallimard, coll. « Poésie », 1964, « La Statue », p. 329.

（11）Philippe Jaccottet, *Œuvres*, *op. cit.*, p. 1118.

（12）Philippe Jaccottet, *Œuvres*, *op. cit.*, « La Semaison », p. 626, « L'Ignorant », p. 147〔フィリップ・ジャコテ『無知なる者』後藤信幸訳、国文社、2009 年〕, et « Même lieu, autre moment », p. 502.

（13）Jean-Pierre Richard, « Scènes d'herbe », dans *L'État des choses*, Gallimard, 1990, p. 36.

（14）Denise Le Dantec, « La force du plus fragile », dans « Herbes sages, herbes folles », *La grande oreille*, nº 50, juillet 2012, p. 64.

ワ　行

ラ　行

マ　行

ヤ　行

ナ　行

ハ　行

サ　行

タ　行

人名索引

本文中の人名と，その人物の著書・音楽・絵画・映画作品名を採り五十音順で配列した。

著者紹介

アラン・コルバン（Alain Corbin）

1936年フランス・オルヌ県生。カーン大学卒業後、歴史の教授資格取得（1959年）。リモージュのリセで教えた後、トゥールのフランソワ・ラブレー大学教授として現代史を担当（1972-1986）。1987年よりパリ第1大学（パンテオン=ソルボンヌ）教授として、モーリス・アギュロンの跡を継いで19世紀史の講座を担当。現在は同大学名誉教授。

“感性の歴史家”としてフランスのみならず西欧世界の中で知られており、近年は『身体の歴史』（全3巻、2005年、邦訳2010年）『男らしさの歴史』（全3巻、2011年、邦訳2016-17年）『感情の歴史』（全3巻、2016-17年、邦訳2020年 - 刊行中）の3大シリーズ企画の監修者も務め、多くの後続世代の歴史学者たちをまとめる存在としても活躍している。

著書に『娼婦』（1978年、邦訳1991年・新版2010年）『においの歴史』（1982年、邦訳1990年）『浜辺の誕生』（1988年、邦訳1992年）『音の風景』（1994年、邦訳1997年）『記録を残さなかった男の歴史』（1998年、邦訳1999年）『快楽の歴史』（2008年、邦訳2011年）『処女崇拝の系譜』（2014年、邦訳2018年）など。（邦訳はいずれも藤原書店）

訳者紹介

小倉孝誠（おぐら・こうせい）

1956年生。慶應義塾大学教授。専門は近代フランスの文学と文化史。1987年、パリ第4大学文学博士。1988年、東京大学大学院博士課程中退。著書に『身体の文化史』『愛の情景』『写真家ナダール』（中央公論新社）、『犯罪者の自伝を読む』（平凡社）、『革命と反動の図像学』『ゾラと近代フランス』（白水社）、『恋するフランス文学』（慶應義塾大学出版会）など。また訳書に、コルバン『時間・欲望・恐怖』（共訳）『感性の歴史』（編訳）『音の風景』『風景と人間』『空と海』（以上藤原書店）、フローベール『紋切型辞典』（岩波文庫）など、監訳書に、コルバン他監修『身体の歴史』（全3巻、日本翻訳出版文化賞受賞）『男らしさの歴史』（全3巻、共に藤原書店）がある。

綾部麻美（あやべ・まみ）

1982年生。慶應義塾大学法学部専任講師。専門は20世紀フランス詩。慶應義塾大学大学院文学研究科後期博士課程単位取得満期退学。2014年パリ第10ナンテール大学博士。著書に『フランス文学史 II』（共著、慶應義塾大学通信教育部、2016年）など。主な論文に *Francis Ponge : un atelier pratique du « moviment »*（博士論文、未刊）、« Francis Ponge et Eugène de Kermadec : autour du *Verre d'eau* »（*Textimage*, nº 8, hiver 2016, « Poésie et image à la croisée des supports » [revue en ligne : http://revue-textimage.com/13_poesie_image/ayabe1.html]）、「フランシス・ポンジュの『論理的または造形的な美しさ』――『1965年4月フェノザの栄光に、この未完成の小石膏像』をめぐって」（『藝文研究』第119−2号、慶應義塾大学藝文学会、2020年）などがある。

草《くさ》のみずみずしさ——感情《かんじょう》と自然《しぜん》の文化史《ぶんかし》

2021年5月30日　初版第1刷発行©

訳　者　小倉孝誠
　　　　綾部麻美

発行者　藤原良雄

発行所　株式会社 藤原書店

〒162-0041　東京都新宿区早稲田鶴巻町523
電　話　03（5272）0301
ＦＡＸ　03（5272）0450
振　替　00160 - 4 - 17013
info@fujiwara-shoten.co.jp

印刷・製本　中央精版印刷

落丁本・乱丁本はお取替えいたします
定価はカバーに表示してあります

Printed in Japan
ISBN978-4-86578-315-5

我々の「身体」は歴史の産物である

HISTOIRE DU CORPS

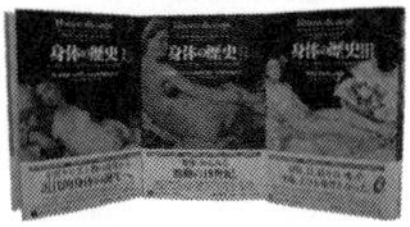

身体の歴史（全三巻）

A・コルバン＋J‐J・クルティーヌ＋G・ヴィガレロ監修

小倉孝誠・鷲見洋一・岑村傑監訳

第 47 回日本翻訳出版文化賞受賞　　Ａ５上製　カラー口絵 16 ～ 48 頁　**各 6800 円**

自然と文化が遭遇する場としての「身体」は、社会の歴史的変容の根幹と、臓器移植、美容整形など今日的問題の中心に存在し、歴史と現在を知る上で、最も重要な主題である。16 世紀ルネサンス期から現代までの身体のあり方を明らかにする身体史の集大成！

第Ⅰ巻　16-18 世紀　ルネサンスから啓蒙時代まで

ジョルジュ・ヴィガレロ編（鷲見洋一監訳）

中世キリスト教の身体から「近代的身体」の誕生へ。宗教、民衆生活、性生活、競技、解剖学における、人々の「身体」への飽くなき関心を明かす！

656 頁　カラー口絵 48 頁　（2010 年 3 月刊）◇978-4-89434-732-8

第Ⅱ巻　19 世紀　フランス革命から第一次世界大戦まで

アラン・コルバン編（小倉孝誠監訳）

臨床=解剖学的な医学の発達、麻酔の発明、肉体関係をめぐる想像力の形成、性科学の誕生、体操とスポーツの発展、産業革命は何をもたらしたか？

504 頁　カラー口絵 32 頁　（2010 年 6 月刊）◇978-4-89434-747-2

第Ⅲ巻　20 世紀　まなざしの変容

ジャン＝ジャック・クルティーヌ編（岑村傑監訳）

ヴァーチャルな身体が増殖し、血液や臓器が交換され、機械的なものと有機的なものの境界線が曖昧になる時代にあって、「私の身体」はつねに「私の身体」なのか。

624 頁　カラー口絵 16 頁　（2010 年 9 月刊）◇978-4-89434-759-5

身体史の集大成の書、名著『身体の歴史』入門

身体はどう変わってきたか（16世紀から現代まで）

A・コルバン

小倉孝誠／鷲見洋一／岑村傑

医学が身体の構造と病をどう捉えてきたか、身体とセクシュアリティー、絵画・彫刻・演劇・ダンスなどアートによって表現される身体、矯正や美容整形、身体作法やスポーツなど鍛えられ訓練される身体——身体の変容を総合的に捉える初の試み。

四六上製　三二〇頁　二六〇〇円　**図版多数**

（二〇一四年一二月刊）◇978-4-89434-999-5